EL DIOS QUE TRANSFORMA VIDAS

Imelda Bruno

EL DIOS QUE TRANSFORMA
vidas

PALABRA PURA
palabra-pura.com

EL DIOS QUE TRANSFORMA VIDAS

Copyright © 2023 por Imelda Bruno
Todos los derechos reservados
Derechos internacionales reservados
ISBN: 978-1-951372-41-5

Las citas bíblicas de esta publicación han sido tomadas de la Reina-Valera 1960™ © Sociedades Bíblicas en América Latina, 1960. Derechos renovados 1988, Sociedades Bíblicas Unidas. Utilizado con permiso.

Apreciamos mucho HONRAR los derechos de autor de este documento y no retransmitir o hacer copias de éste en ninguna forma (excepto para el uso estrictamente personal). Gracias por su respetuosa cooperación.

Diseño del libro: Iuliana Sagaidak
Editorial: Palabra Pura, www.palabra-pura.com
CATEGORÍA: Religión / Vida cristiana / Crecimiento personal

CONTENIDO

13	Prólogo
17	Prefacio
21	Introducción
27	El temor a Dios
31	El arrepentimiento
37	El temperamento
43	La conciencia
47	El corazón
53	La oración
61	La mentalidad
69	El carácter
79	Los procesos
93	Transformación y regeneración
109	El perdón
129	Mi testimonio

Dedico este libro y lo consagro al Dios a quien sirvo. Yo reconozco que no me pertenece a mí ninguna gloria y que solamente Él la merece toda. Mi Dios es digno de recibir la exaltación, la honra y la alabanza. No me canso de alabar y adorar su santísimo Nombre, porque realmente nunca pasó por mi mente que un día Él, por su gracia, me daría la bendición y el privilegio de llegar a ser escritora de veintiún cantos cristianos (los que a través del tiempo de mi ministerio Él me ha dado), y mucho menos ser escritora de este libro.

AGRADECIMIENTOS

AGRADEZCO INFINITAMENTE A MI PADRE CELESTIAL, AL Hijo y a su Santo Espíritu, por darme la bendición, la oportunidad y el privilegio inmerecido de permitirme escribir este libro. Yo sé que este libro será de mucha bendición para todos aquellos que dediquen el tiempo para leerlo. Con todo mi corazón les confieso, que yo nunca pensé que un día Dios, por su gracia, me daría el privilegio de ser escritora. Reconozco también que todo lo que tengo y lo que soy, se lo debo todo a Él.

No hay palabras para expresar mi agradecimiento a Dios, por lo grande, misericordioso y maravilloso que ha sido y es conmigo. Hay gratitud en mi corazón hacia el Señor, y no tengo palabras que puedan expresar lo que en mi corazón siento; por lo bueno y fiel que Él es conmigo. Dios ha sido el gran obrador de milagros en mi vida: Él fue el único a quien agradezco el haberme sacado de donde estuve; de un lugar en donde nadie daría un centavo por mí, y me sacó de ahí para colocarme en el ministerio, para servirle en lugares especiales e inmerecidos.

Doy gracias a mi amado esposo Daniel, por amarme, por apoyarme incondicionalmente; por clamar a Dios a mi favor y ser un soporte espiritual para mi vida cada día, pero más, cada vez que yo salgo a servir a mi Dios. Doy muchas gracias a él, por ser un hombre proveedor, por velar por su casa y por estar conmigo en todo tiempo, en tiempos buenos y malos. Gracias a sus oraciones, yo he podido llevar adelante el ministerio del canto y de la predicación de la Palabra de Dios, la poderosa Palabra que Él me ha encomendado. Las victorias y triunfos que he logrado en mi vida se han debido primeramente a Dios, y luego y su valioso apoyo.

Estoy agradecida también con mis dos hijos, Danny y Raquel, por apoyarme y entenderme. Recuerdo que muchas veces, cuando ellos estaban pequeños, y cuando yo tenía que viajar, se quedaban solos con mi esposo en casa. Era un sacrificio para ellos y para mí tener que asistir y cumplir con los compromisos que Dios me encomendaba en las diferentes iglesias y lugares donde Él me ha permitido estar; pero a la vez, estos viajes fueron una gran bendición para todos.

Después de mi esposo, otra de las piezas claves en mi vida ministerial, que me sirvió como tremendo pilar de oración, fue mi madrecita linda, Ana Sofía (que en paz descanse). Hoy puedo decir que ella fue una gran intercesora, una importante mujer de oración. Yo estoy convencida de que las oraciones que ella levantaba a Dios por mí (para que Dios usara mi vida con poder), son las que me han sostenido y me han ayudado a mantenerme firme hasta el día de hoy. Por esa labor que ella hizo, por esa labor en secreto, es que Dios ha hecho grandes maravillas en mi vida. Fue porque ella lloraba de rodillas pidiendo a Dios con gemidos por su hija para que Dios me usara para su gloria. Tengo la plena certeza de que todo lo que ella sembró de rodillas ha tenido y tendrá su buen fruto en el ministerio que Dios ha puesto en mis manos: cada día Dios lo está haciendo florecer.

Otra de las razones por las cuáles, estoy tan agradecida con mi madrecita, que de verdad yo no tengo cómo pagarle (aunque ya no la tengo conmigo) —y aunque muchas veces se lo dije personalmente—, es que ella, en contra de la voluntad de mi padre (también en paz descanse), tomó la decisión de tenerme, y fue así que yo nací. Por aquel tiempo mi papá le dijo a ella que Él no quería que yo naciera, porque ya no quería que tuviera más hijos; sin embargo, ella nunca pensó en abortarme; manifestando así tener temor de Dios.

PRÓLOGO

EN LOS ÚLTIMOS CIEN AÑOS LA HUMANIDAD HA experimentado tiempos de cambio que lo han llevado hacia el «progreso». El hombre ha crecido en su conocimiento de la ciencia, el comercio, la tecnología, la medicina y los medios de comunicación, etc. Tales avances han movido nuestro mundo hacia nuevos descubrimientos, facilitando el estilo de vida de muchos. Los beneficios de dichos avances son muchísimos, ya que estos nos han dado mejores herramientas que podemos utilizar en nuestro diario vivir. Sin embargo, el hombre ha sido incapaz de encontrar en sí mismo las respuestas para salir de su estado pecaminoso interior que lo induce hacia el mal. Ninguno de estos avances ha llenado su necesidad espiritual, ni mejorado su conducta. El hombre sigue caminando hacia la destrucción de su ser pues sigue viviendo una vida sin Dios. Todos los días vemos en las noticias que la violencia, el robo, la inmoralidad sexual, la idolatría y la avaricia por las cosas materiales han llevado al hombre a cometer los actos más inhumanos contra su prójimo. El hombre no tiene paz, confirmando así que el progreso de la sociedad no ha podido cambiar la condición interna del ser humano, ni lo podrá hacer; pues necesita tener un encuentro real con Dios que lo lleve hacia una transformación integral de su vida.

En su libro *El Dios que transforma vidas* nuestra hermana Imelda Bruno nos comparte en forma detallada y práctica el camino de Dios hacia la transformación. Además, nos presenta las diferentes áreas de formación y las herramientas que el Espíritu Santo utiliza para trabajar en nosotros, con el fin de que podamos imitar y ser más parecidos a Cristo.

Desde su juventud, nuestra hermana Imelda ha sido testigo de un Dios que transforma vidas; a través de los ejemplos de personas como su madre, la cual Dios usó como una mujer de fe. Fue en su juventud que hermana Imelda consagró su vida a Dios y hoy en día le sirve predicando el Evangelio. Dios le ha concedido escribir muchos cantos; asimismo, ha logrado terminar con éxito varios proyectos musicales. En su ministerio Dios le ha usado para la salvación, sanidad y liberación de muchas almas. Muchas mujeres y familias han sido restauradas a través del mensaje de amor y esperanza que Dios ha puesto en su corazón. Su gran gozo ha sido ver la transformación de vidas. He conocido a mi hermana Imelda como un ejemplo de fe, determinación y consagración ministerial. Su libro nos provee una lectura amena, clara y centrada en la Palabra de Dios y sus experiencias añaden un perfil que inspira nuestra fe.

Estoy seguro que este libro bendecirá al pueblo de Dios en una manera práctica, poderosa y que conducirá a sus lectores en el proceso de la transformación.

EDWIN RODRÍGUEZ — Pastor de la Iglesia
Pentecostal *Esmirna*
Highland Park, Los Ángeles, CA

PREFACIO

EL PROPÓSITO QUE TENGO AL PUBLICAR ESTE libro es, antes que todo, exaltar, glorificar y honrar el nombre del Dios Todopoderoso, pues de la nada Él hace maravillas. Asimismo, mediante este escrito, deseo dar a conocer su majestad, grandeza y poder. Deseo que, a través de estas páginas, el mundo entero pueda darse cuenta de que hay un ser Supremo de gran poder, capaz de hacer grandes cosas en la vida de una persona. Él es el único que tiene el poder para transformar, restaurar y ayudar a todo aquel que lo necesita.

Este libro no fue escrito para ser leído exclusivamente por el pueblo cristiano evangélico, ni únicamente por aquellos que ya han conocido el mensaje de salvación, sino también por todas aquellas personas que no se sienten conformes con su estilo de vida, con su manera de ser, de pensar, de conducirse y de comportarse; y para quienes les es urgente hacer cambios tanto en su ser interno como en su ser externo, para todos los que ya se cansaron de vivir el mismo estilo de vida y ser las mismas personas.

Tengo la plena convicción, que mientras avance en la lectura de este libro, usted experimentará —de forma sobrenatural— la presencia y la ministración del Espíritu Santo, ya que Él es experto en cambiar y transformar vidas. Oro ahora mismo que el Espíritu Santo invada todo su ser a medida que usted vaya leyendo. Deseo que el Espíritu Santo use cada página, cada línea, cada frase y cada párrafo del contenido de este libro para impactar su vida poderosamente; pues Él es el único que escudriña y discierne los pensamientos y conoce lo más profundo del corazón humano.

Por medio de este libro, deseo compartir con usted todo aquello que pueda ayudarle a lograr la verdadera transformación que Dios suele hacer en toda vida que toca. Le compartiré muchas de las experiencias que he tenido desde mi niñez; todo aquello que ha favorecido al proceso de transformación y cambio de mentalidad, cosas que Dios ha venido operando a fondo en mi vida (aunque Él no ha terminado aún conmigo).

Todos los seres humanos —y especialmente los cristianos— tenemos la bendición de tener y poder contar con la ayuda del Dios omnipotente, omnipresente, omnisciente; es decir, el Dios que todo lo puede, dondequiera está, y todo lo sabe; para Él no hay nada imposible. Déjeme decirle, que, de verdad, Él sí puede obrar y transformar una vida cuando alguien le pide ayuda, cuando alguien clama a Él de todo corazón. Mire lo que dice el pasaje bíblico de Lucas 1:37: «Porque nada hay imposible para Dios».

Cuando una persona se decide a dar el paso y hacer cambios en su vida es de suma importancia tener fe para ello; es necesario depositar esa fe en el Dios soberano, a fin de que Él haga la obra de transformación. La Biblia dice: «Es, pues, la fe la certeza de lo que se espera, la convicción de lo que no se ve. Pero sin fe es imposible agradar a Dios; porque es necesario que el que se acerca a Dios crea que le hay, y que es galardonador de los que le buscan» (Hebreos 11:1, 6).

INTRODUCCIÓN

ESTE LIBRO TRATA DE DISIPAR VARIAS DE LAS DUDAS que todos los seres humanos tenemos en algún momento en la vida. Estas dudas se refieren a términos que, si no se aclaran apropiadamente, de su ignorancia partirán serios errores que arrastrarán al individuo hacia un foso profundo aquí, y trascenderán por la eternidad. De ahí su esencial importancia.

Imelda Bruno parte de un principio fundamental en todo ser humano, el cual, de no tenerse, se derrumba todo aquello a lo que podemos llamar vida verdadera, esto es, el temor a Dios. El temor a Dios —título del capítulo 1— es, en principio de cuentas, aquello que nos acerca a Él, y que, de no tenerse, entonces no existirá ni un ápice de pensamiento respecto a la persona de Dios, ni a sus palabras. ¿Qué dice Isaías 8:13?: «A Jehová de los ejércitos, a él santificad; sea él vuestro temor, y él sea vuestro miedo». Si no hay temor a Dios y a sus juicios, tampoco podrá haber arrepentimiento; el arrepentimiento es el tema del capítulo 2. El arrepentimiento parte de una decisión férrea del corazón, e involucra todas las áreas intrínsecas del individuo, es decir, dentro del alma humana. Tiene relación también con el tema de la humildad: si una persona no puede humillarse ante Dios, jamás logrará recibir lo más precioso que Él tiene para darle.

¿Tiene esto último alguna relación con el temperamento de cada uno? Quizá, en algún sentido. Imelda Bruno habla entonces del temperamento en el capítulo 3, y de una de las principales teorías que históricamente se ha juzgado como válida: la teoría de los cuatro temperamentos. Luego, prosigue hablando de la conciencia (capítulo 4), de cómo esta se relaciona con las decisiones morales; menciona asimismo el ejemplo de Adán y Eva (cuando estuvieron en el huerto del Edén) y de Caín. En esta misma sección se da luz suficiente para comprender el significado de esta importante palabra.

El capítulo 5 aborda el tema del corazón desde el punto de vista del alma. Esta palabra —corazón— se menciona mucho en la Biblia, pero muchos de nosotros podríamos no comprender exactamente a qué se refiere; por ello es que aquí se aborda el tema a manera de introducción. Del corazón, dijo Jesús, salen «los malos pensamientos, los homicidios, los adulterios, las fornicaciones, los hurtos, los falsos testimonios, las blasfemias. Estas cosas son las que contaminan al hombre...» (Mateo 15:19-20). Y también dice: «bienaventurados los de limpio corazón, porque ellos verán a Dios» (Mateo 5:8). Estos dos versículos son tan solo un par de ejemplos que nos ayudan a comprender lo importante que es esta palabra en el contexto bíblico.

Pero, ¿cómo logramos unir hasta aquí estos pensamientos? Si existe temor a Dios, si hay humildad para el arrepentimiento, también, sin importar el tipo de temperamento que tengamos, obedecemos a la conciencia (la cual es una voz interna de parte de Dios, presente en cada uno). Ahora bien, si nuestro corazón está orientado hacia el Todopoderoso y dispuesto a ser santificado por Él, entonces será imposible que no elevemos una oración. La oración es el tema del capítulo 6. El ser humano, para conectarse con Dios, necesitará una oración de inicio, y miles de oraciones posteriores a lo largo de su vida. Aunque Imelda Bruno no intenta dar una cátedra de las minucias de este tema indispensable, de las líneas aquí presentadas podemos sacar gran ganancia. La oración es un instrumento que, mediante la preciosa sangre de Jesús, nos permite hablar al Todopoderoso y ser escuchados por Él. Sin oración sincera, ningún ser humano podrá tener parte con Jesús ni con lo atañe a la eternidad.

Después, la autora de este libro aborda algo sobre el tema de la mentalidad (capítulo 7). Para ello, ella habla sobre lo que es la mente; luego, presenta una explicación de algunos pasajes bíblicos y habla sobre la sabiduría de Dios (que es el prototipo de una mentalidad sana y poderosa). ¿Cómo el ser humano puede gozar de una mentalidad que agrade a Dios y que trascienda a acciones de bien? Se presentan aquí varios pasos para ello. Siendo la mente el campo de batalla del enemigo, es necesario aprender mucho sobre este tema y poner en práctica todo el consejo de Dios.

El tema de la mentalidad —y de una mentalidad de fe en Dios— es punto de partida para el siguiente concepto que Imelda Bruno aborda: el carácter (capítulo 8). Evidentemente, el consejo de Dios tiene una meta principal: que en todo creyente sea formado el carácter de Cristo. El carácter de Cristo es el modelo de todo cristiano y de su formación depende el desarrollo y poderamiento de la Iglesia del Señor en la tierra. Sabemos que el Espíritu Santo es quien ayuda a cada cristiano a crecer y adquirir el carácter de Cristo, pero ¿hay de nuestra parte algo qué hacer para cooperar con Él en esta tarea? En este capítulo 8 se dan algunas ideas dignas de subrayarse.

En el capítulo 9 Imelda Bruno aborda el importante tema de los procesos de Dios en aquellos que han ingresado en su programa de crecimiento. Menciona como ejemplos dos que otorgan claridad: el de José del Génesis; y el de mayor envergadura, el de nuestro bendito Salvador Jesucristo. El tema de los procesos de Dios es uno de los que debería estar siempre presente en cada cristiano.

Apetece a la escritora mencionar inmediatamente después del tema de los procesos de Dios uno pluriverbal, que, por su cercanía semántica, casi puede corresponder a una perífrasis: la transformación y la regeneración (capítulo 10). Estos temas conjuntos se refieren al tema central de todo individuo. Este tema central responde a las preguntas planteadas al inicio y es la razón concienzuda de todo el desarrollo hasta ahora expuesto. Me estoy refiriendo ahora al nuevo nacimiento. El tema del nuevo nacimiento incluye, entre otras cosas (todas importantísimas), hacer de Jesucristo el Mediador entre nosotros y Dios; Él es el puente, el acceso, el Camino único hacia Dios el Padre y hacia la vida eterna; y sin esto, ¿qué sería de todo lo demás? Todo lo demás es tan solo un desmesurado desperdicio.

No obstante, amado lector, el tema del nuevo nacimiento envuelve la práctica indispensable del perdón —tema del capítulo 11—. Sin el perdón no podría haber nuevo nacimiento, y de su práctica constante depende nuestra relación con Cristo.

Perdonarse uno mismo; perdonar a otros; perdonar a Dios (aunque la simple mención de esto último implique una grave ignorancia); todo esto está íntimamente ligado al perdón de Dios, y nos es impuesto como requisito: «mas si no perdonáis a los hombres sus ofensas, tampoco vuestro Padre os perdonará vuestras ofensas» (Mateo 6:15).

Finalmente, la escritora de este libro nos comparte su testimonio, de cómo ella conoció personalmente al Señor Jesucristo, y de cómo Él preservó su vida hasta hoy. Su testimonio sirve como una verdadera inspiración para todos y amalgama los temas antes planteados; pues ella los ha encarnado. ¿Cómo podría alguien enseñar de aquello que no ha vivido en carne propia? Y si lo que se enseña no es practicado por quien lo instruye, entonces se cumplirá lo que Proverbios 26:7 dice de las piernas del cojo que penden inútiles; sin embargo, Imelda Bruno es aquella cuyo testimonio es un vivo ejemplo de la comprensión y experiencia de todos y cada uno de los temas que aquí comparte.

Eliud A. Montoya, Editor

EL TEMOR A DIOS

EL SER HUMANO NECESITA RECONOCER QUE DIOS ES soberano, que Él es el Rey de reyes y el Señor de señores, el único que merece que todos le demos reverencia. No debemos de mirar a Dios como un Dios malo; como uno que desea castigarnos cada vez que cometemos faltas y errores. La Biblia habla de temerle, pero no se refiere a sentir ese miedo que cunde en medio de la inseguridad y la preocupación; más bien, debemos mirarle como a un Padre, pues Él es el Padre Celestial, el Dios de amor que es amplio en perdonar; el que tiene poder para libertar, para sanar y restaurar. Un Dios que es grande en misericordia y que no paga al hombre conforme a toda su maldad, y que se duele del castigo (Joel 2:13). La Palabra dice: «*No ha hecho con nosotros conforme a nuestras iniquidades, ni nos ha pagado conforme a nuestros pecados. Porque como la altura de los cielos sobre la tierra, engrandeció su misericordia sobre los que le temen*» (Salmos 103:10-11).

Para los que son enemigos de Dios, su final será un gran temor cuando sean juzgados por el gran Juez de toda la tierra (Génesis 18:25) pues Él se sentará en su trono para juzgar a todos los que vivieron apartados de Él, aquellos que no le temieron cuando estuvieron en esta vida (Hechos 17:31). Dios desea que su pueblo le tema (p. ej. Salmos 34:9), pero ese temor no es un temor a la manera de los enemigos de Dios, sino un temor a ofenderle, un temor a ir en contra de su voluntad; también el hijo de Dios sabe que el Señor habla en serio y que las advertencias escritas en su Palabra son reales. En el libro de Jeremías dice:

> El temor a Dios es un temor a ofenderle, un temor a ir en contra de su voluntad

«¿A mí no me temeréis? dice Jehová. ¿No os amedrentaréis ante mí, que puse arena por término al mar, por ordenación eterna la cual no quebrantará? Se levantarán tempestades, mas no prevalecerán; bramarán sus ondas, mas no lo pasarán» (Jeremías 5:22).

Esto quiere decir que la gente puede tener temor a muchas cosas, pero a quien se debe de temer es a Dios únicamente (Lucas 12:5), pues Él es el Creador de todas las cosas, el Todopoderoso.

El ser humano no debe pasar por alto que el temor que debemos de sentir en el corazón hacia Dios, es aquel que tiene como fin no fallarle, evitar que cometamos faltas y errores que desagradan al Señor y entristezcan al Espíritu Santo con el cuál fuimos sellados (hablando de los que ya han sido lavados con la sangre preciosa de Cristo). Efesios 4:30 nos dice: «*Y no contristéis al Espíritu Santo de Dios, con el cual fuisteis sellados para el día de la redención*».

Como seres humanos, necesitamos tomar una actitud de gran respeto y tributo hacia el Señor, y verle a Él como aquel que tiene la máxima autoridad en todo el universo. Romanos 13:7 dice: «*Pagad a todos lo que debéis: al que tributo, tributo; al que impuesto, impuesto; al que respeto, respeto; al que honra, honra*».

EL ARREPENTIMIENTO

A FIN DE LOGRAR UNA TRANSFORMACIÓN DE VIDA completa, el arrepentimiento es indispensable. Este es el requisito de Dios para intervenir poderosamente en una persona. El arrepentimiento es un cambio radical de manera de pensar, de sentir y de actuar. El pecador arrepentido manifiesta un pesar profundo por haber ofendido a Dios y toma las acciones consecuentes. Asimismo, el pecador le entrega al Señor el peso de pecado que viene arrastrando y todo aquello que desagrada a Dios. Recibir a Cristo en el corazón implica un arrepentimiento real. En algunos casos, una persona puede confesar a Cristo como Señor por un mero compromiso, o porque alguien le dijo que lo hiciera. Sin embargo, para que la

> El arrepentimiento es un cambio radical de manera de pensar, de sentir y de actuar

sangre de Cristo sea efectiva en perdonar los pecados, el pecador necesita arrepentirse de todo corazón y creer en Jesucristo como su único medio de salvación. Dios siempre está dispuesto a perdonar los pecados de todo ser humano que se acerca a Él; desea cubrir su vida con la sangre preciosa de Jesús y recibirle como su hijo o hija, pero necesita de él o ella un verdadero arrepentimiento.

En la etapa del arrepentimiento la persona reconoce todos los pecados que ha cometido y pide perdón a Dios por ellos. Todos fallamos al Señor, pero lo más hermoso es que, cuando venimos a Él, arrepentidos, con un corazón humillado, Él no rechazará ni despreciará a nadie. Salmos 51:17 dice: «*Los sacrificios de Dios son el espíritu quebrantado; Al corazón contrito y humillado no despreciarás tú, oh Dios*».

En la Biblia encontramos el ejemplo de un personaje que yo considero que experimentó el verdadero arrepentimiento, y al arrepentirse, fue totalmente transformado por el poder de Dios; ese fue Saulo de Tarso. Me llama la atención la historia de este hombre y de todo lo que él hizo para Dios; de las almas que se convirtieron a Cristo por medio de su vida. Yo siento la convicción en mi espíritu que él fue transformado completamente, tanto interna como externamente por el poder de Dios. Es indiscutible que el apóstol Pablo también tenía un carácter y un temperamento tal y como cada uno de nosotros lo tiene; sin embargo, es visible la forma en la que él se conducía después de que experimentó el verdadero arrepentimiento; y creo que de

> Dios pudo hacer la obra en la vida de Pablo, porque este se decidió a entrar en el proceso de transformación para ser una persona diferente

verdad él tuvo un encuentro personal y verídico con Dios. Creo que Dios hizo la obra en su vida, porque él se decidió a entrar en el proceso de transformación para ser una persona diferente, y no solo eso, sino que tomó el reto de hacer cambios drásticos en su vida.

Seguramente que él estuvo dispuesto a pagar el precio sin darse cuenta de que Dios tenía un plan maravilloso ya trazado, y el diseño de ese plan era perfecto para él. Nos damos cuenta por las Escrituras, que, en el proceso de transformación, Dios le cambia el nombre de *Saulo de Tarso* a *apóstol Pablo*, y más adelante él se convierte en un discípulo de Jesús. Y tal fue la gracia que Dios depositó en su vida, que los demás discípulos notaron en él el cambio que se había producido en su vida. Sabemos por las Escrituras que Saulo era perseguidor de la Iglesia y que hacía la vida imposible a los cristianos de esa época; tanto que siendo un recién convertido, los discípulos de Jesús todavía le tenían pánico y no querían estar cerca de él: ellos no querían convivir con él porque no creían en que se hubiese efectuado en él una conversión genuina.

Sabemos que Dios no solo convirtió a Saulo de Tarso en el apóstol Pablo, y en uno de sus más grandes discípulos, sino también, el Señor hizo de Pablo un poderoso escritor bíblico; él fue el escritor de los escritos del Nuevo Testamento a los que llamamos hoy *las epístolas paulinas*. Es hermoso que Dios nos da el privilegio de poder leer —y así recibir la ministración del Espíritu Santo— por medio de ellas. Vemos también que Dios ya había escogido al Apóstol desde antes de nacer, y había trazado para él un destino, tal y como lo había hecho ya con otros hombres de Dios a través de la historia, p.ej. con Jeremías. Dios cambia la vida de Pablo antes de llamarlo al ministerio y lo convierte en un tremendo misionero que es digno de admirar. En el Libro de Hechos podemos leer los lugares por los que este hombre valiente pasó, y el proceso y el precio que él pagó para convertirse en un hombre de bien en medio del pueblo de Dios. Yo creo que él servía a Dios sin ningún interés, y es notable que lo hacía con pasión, entrega y dedicación. Es admirable y visible cómo él trabajó arduamente en el ministerio, visitando muchos lugares, lugares que seguramente no era fácil visitar, a fin de llevar el evangelio, es decir, las buenas nuevas de salvación. Había lugares en donde no lo quisieron recibir y fue muy perseguido; sin embargo, Dios le permitió ganar muchas almas, gente que fue tocada por el poder del Espíritu Santo.

Vemos por la narración que tenemos en las Sagradas Escrituras cómo Dios visitó a este hombre cuando iba camino a Damasco; Hechos 9:3-15 nos dice:

> «Mas yendo por el camino, aconteció que al llegar cerca de Damasco, repentinamente le rodeó un resplandor de luz del cielo; y cayendo en tierra, oyó una voz que le decía: Saulo, Saulo, ¿por qué me persigues? Él dijo: ¿Quién eres, Señor? Y le dijo: Yo soy Jesús, a quien tú persigues; dura cosa te es dar coces contra el aguijón. Él, temblando y temeroso, dijo: Señor, ¿qué quieres que yo haga? Y el Señor le dijo: Levántate y entra en la ciudad, y se te dirá lo que debes hacer. Y los hombres que iban con Saulo se pararon atónitos, oyendo a la verdad la voz, mas sin ver a nadie. Entonces Saulo se levantó de tierra, y abriendo los ojos, no veía a nadie; así que, llevándole por la mano, le metieron en Damasco, donde estuvo tres días sin ver, y no comió ni bebió.
>
> » Había entonces en Damasco un discípulo llamado Ananías, a quien el Señor dijo en visión: Ananías. Y él respondió: Heme aquí, Señor. Y el Señor le dijo: Levántate, y ve a la calle que se llama Derecha, y busca en casa de Judas a uno llamado Saulo,

de Tarso; porque he aquí, él ora, y ha visto en visión a un varón llamado Ananías, que entra y le pone las manos encima para que recobre la vista. Entonces Ananías respondió: Señor, he oído de muchos acerca de este hombre, cuántos males ha hecho a tus santos en Jerusalén; y aun aquí tiene autoridad de los principales sacerdotes para prender a todos los que invocan tu nombre. El Señor le dijo: Ve, porque instrumento escogido me es este, para llevar mi nombre en presencia de los gentiles, y de reyes, y de los hijos de Israel» (Hechos 9:3-15).

Solamente el poder de Dios pudo haber hecho la obra en la vida de Pablo. Pues fue el poder de Dios, el poder de la sangre preciosa de Jesús, y el poder del Espíritu Santo, quien limpió y purificó el corazón de Pablo, y removió de él todas aquellas cosas que habrían de serle un estorbo en el importante ministerio que habría de desarrollar. Como a todos sus siervos, Dios hizo pasar a Pablo por un proceso a fin de que creciera y madurara espiritualmente.

EL TEMPERAMENTO

L OS SERES HUMANOS ALREDEDOR DEL MUNDO poseemos por naturaleza una variedad y tipos de temperamentos diferentes el uno del otro; el temperamento está correlacionado con el carácter. La **teoría de los cuatro temperamentos** es una teoría *protopsicológica* en la cual se describen cuatro tipos fundamentales de personalidad: la sanguínea, la colérica, la melancólica y la flemática.

El temperamento es la naturaleza general de la personalidad de un individuo, la peculiaridad e intensidad individual y la estructura dominante de humor y motivación que una persona tiene. El término temperamento proviene del lat. «*temperamentum*», que significa *medida*. Es la manera natural con que un ser humano interactúa, se comporta y reacciona con el entorno que le rodea. Esto puede ser hereditario y no influyen factores externos (solo si esos estímulos fuesen demasiado fuertes y constantes); es la capa instintivo-afectiva de la personalidad, sobre la cual la inteligencia y la voluntad modelarán el carácter de una persona (en el cual sí influye el ambiente que le rodea); ocupa también la habilidad para adaptarse, el estado de ánimo, la intensidad, el nivel de actividad, la accesibilidad y la regularidad.

El temperamento está relacionado con la influencia endocrina (que se debe a los genes, y que se manifiesta en determinados rasgos físicos y psicológicos). El temperamento y el carácter definen la personalidad del ser humano; la diferente combinación e intensidad de estos se manifiesta en sus diferentes áreas, lo que nos hace únicos. El temperamento es el rasgo descriptivo del estilo de actuar que distingue a una persona de los demás cómo únicos e irremplazables, de modo que podamos armonizar con ellos.

El temperamento se basa también en las características del tipo de sistema nervioso que cada persona posee. Y dependiendo del tipo de carácter de cada persona, así será la reacción que la persona tomará a la hora de tomar decisiones para solucionar un problema o una situación. Hay personas que para solucionar un determinado problema proceden dependiendo del humor en el que se encuentren y dependiendo de cómo reaccionan se tendrán resultados negativos o positivos.

Características de los tipos de temperamentos

« SANGUÍNEO:
Este temperamento posee un tipo de sistema nervioso rápido y equilibrado, capaz de desarrollar un elevado grado de sensibilidad coexistente con un bajo nivel de actividad y un alto nivel de

flexibilidad al medio ambiente. El temperamento sanguíneo es característico de los optimistas y de las personas sociales. La sangre se relaciona con el elemento clásico del aire, y sus rasgos son *caliente* y *húmedo*.

Se trata de personas cálidas, vivaces, que disfrutan de la vida siempre que pueden. Los sanguíneos son receptivos por naturaleza, las impresiones externas encuentran en ellos fácil entrada. Tienden a tomar decisiones basándose en los sentimientos más que en la reflexión. Esta clase de personas son comunicativas y extrovertidas y tienen una capacidad insólita para disfrutar, y por lo general, contagian a los demás con su espíritu (el cual es amante de la diversión). Este tipo de personas, por lo general, hablan antes de pensar, son extrovertidas, muy activas e intuitivas.

« FLEMÁTICO:

Este tipo de temperamento está basado en un tipo de sistema nervioso lento y equilibrado que se caracteriza por tener una baja sensibilidad, pero una alta actividad y concentración de la atención; su sistema nervioso es caracterizado por un nivel bajo de reactividad y baja flexibilidad a los estímulos del medio.

El flemático es una persona que goza de tranquilidad, nunca pierde la compostura y casi nunca se enfada. Por su equilibrio, es el más agradable de todos los temperamentos. Trata de no involucrarse demasiado en las actividades de los demás. Por lo general suele ser una persona apática, además de tener una buena elocuencia y no buscar posiciones de liderazgo. Son personas serias, impasibles y altamente racionales, calculadores y analíticas. Generalmente, este es el temperamento de personas muy capaces y equilibradas. Es el tipo de persona más fácil de tratar y es por esa naturaleza el más agradable de los temperamentos. El flemático es frío y se toma su tiempo para la toma de decisiones. Esta clase de personas prefiere vivir una existencia feliz y placentera hasta el punto que llega a involucrarse en la vida de los demás lo menos que puede.

« MELANCÓLICO:

Este tipo de temperamento está basado en un tipo de sistema nervioso débil; posee una muy alta sensibilidad, un alto nivel de actividad y concentración de la atención, así como una baja reactividad ante los estímulos del medio; es introvertida y lo caracteriza una baja flexibilidad a los cambios en el ambiente. Estas personas son abnegadas, perfeccionistas, analíticas y sensibles emocionalmente. No se lanzan a conocer más personas, sino dejan que la gente venga a ellas. Sus tendencias perfeccionistas y su conciencia hacen que sean muy fiables, pues no suelen abandonar a alguien que está contando con ellos. Además de todo, poseen un carácter que les ayuda a terminar lo que comienzan. Pero es difícil convencerles de iniciar algún proyecto debido a que siempre están considerando todos los pros y los contras en cualquier situación. El melancólico es el más rico y complejo de todos los temperamentos. Suele producir tipos analíticos, abnegados, dotados y perfeccionistas, son de una naturaleza emocional muy sensible, predispuestos a veces a la depresión. Son personas que tienen cambios emocionales muy bruscos y se puede hacerlos enojar fácilmente; además no les gusta que les interrumpan

> Dios quiere que seamos gobernantes de nuestro temperamento

cuando se concentran en algo que es importante para ellos y para otros.

« COLÉRICO:
Está basado en un tipo de sistema nervioso rápido y desequilibrado; posee baja sensibilidad y un nivel alto de actividad y concentración de la atención, aunque tiene alta reactividad a los estímulos del medio y una muy alta correlación, también es flexible a los cambios de ambiente. Cuando se le describe o dice algo que le fastidia o desagrada, trata de callar de forma violenta a las personas que se lo dicen. Es rápido, muy activo, práctico en sus decisiones, autosuficiente y sobre todo, es una persona independiente. Es una persona ambiciosa, valora rápida e intuitivamente y reconoce los posibles tropiezos y obstáculos que puede encontrar en el camino y busca lograr sus metas. Es una persona calurosa, rápida, activa, práctica, se ofrece voluntariamente para ayudar a otros. Esta clase de personas, tiende a fijarse metas muy altas, porque considera que son capaces, pero no siempre las cumplen, no por falta de capacidad sino de tiempo o porque pierden el interés. Son personas dominantes y para alcanzar sus objetivos tienden a ser manipuladores; son también muy intolerantes.

La Biblia llama necio a la persona que pierde fácilmente la calma y la cordura. Proverbios 29:11 dice: «*El necio da rienda suelta a toda su ira, mas el sabio al fin la sosiega*». Eclesiastés 7:9 nos dice también: «*No te apresures en tu espíritu a enojarte; porque el enojo reposa en el seno de los necio*s». Una persona con un temperamento colérico generalmente está en desacuerdo con todas las personas que lo rodean, se ofende fácilmente y explota de ira hasta por el más mínimo detalle. Proverbios 15:18

dice: «*El hombre iracundo promueve contiendas; mas el que tarda en airarse apacigua la rencilla*».

La Biblia nos habla de la gran importancia que tiene controlarnos a nosotros mismos y mostrar dominio propio. Dios quiere que seamos gobernantes de nuestro temperamento. Cuando una persona se convierte al Señor y se entrega a Él de todo corazón, el Espíritu Santo es quien tiene el control, y nosotros así tenemos la habilidad de manejar con templanza nuestro temperamento (2 Timoteo 1:7).

LA CONCIENCIA

CADA SER HUMANO, INDEPENDIENTEMENTE DE SU cultura, etnia o trasfondo, tiene una conciencia. Mediante la conciencia todo ser humano es capaz de discernir el bien y el mal; y ella (la conciencia) le permite hacer juicios morales, tanto de sus actos como de los actos de los demás (pero mayormente de los propios). La conciencia es la parte de nuestro espíritu que nos dice cuando hemos hecho algo malo y algo bueno, nos indica también cuando hemos ofendido a Dios y a otras personas. La conciencia del hombre corresponde a la naturaleza humana creada por Dios, y lo capacita para que sepa lo que Dios justifica y lo que Él condena.

En el ser humano, la conciencia envuelve varios elementos cognitivos interrelacionados. La etimología de esta palabra corresponde al prefijo *con* (que significa *unión, junto a, cerca de*), y la raíz latina *scientia,* que significa ciencia, la cualidad del que sabe. Se cree que esa palabra fue creada por Cicerón o Séneca para traducir la palabra griega *syneidesis,* la cual se forma del prefijo griego *syn* (con, unión), y *eidesis* (capacidad imaginativa).

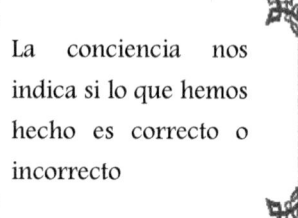

La conciencia nos indica si lo que hemos hecho es correcto o incorrecto

Es también la propiedad del espíritu humano de reconocerse a sí mismo en sus atributos esenciales y en todas las modificaciones que en sí mismo experimenta del cono-cimiento entre el bien y el mal y del conocimiento reflexivo de las cosas. La conciencia es la parte del espíritu humano la cual se encarga de decir a una persona cuando ha hecho algo malo o ha ofendido a Dios. Veamos lo que nos dice Romanos 2:15: «*mostrando la obra de la ley escrita en sus corazones, dando testimonio su conciencia junto con ella, y acusándoles o defendiéndoles sus razonamientos*».

Todos los seres humanos hemos escuchado de una u otra manera la voz de nuestra conciencia, la cual nos indica si lo que hemos hecho es correcto o incorrecto; también funciona en el momento en que estamos dispuestos a hacer algo que no es agradable a los ojos de Dios. No importa cuánto intentemos suprimir esa voz o nos esforcemos por tener la razón, la conciencia persiste en condenarnos.

El libro de Génesis nos narra la historia de la manera en que la serpiente (el diablo), con su astucia, engañó primero a Eva para que probara del fruto del que le fue mandado no comer, y después ella a su vez dio a probar a Adán, su marido. Al comer ellos del fruto, los ojos de la conciencia les fueron abiertos y esta les indicó que estaban desnudos. Génesis 3:1-7 dice:

> «Pero la serpiente era astuta, más que todos los animales del campo que Jehová Dios había hecho; la cual dijo a la mujer:

¿Conque Dios os ha dicho: No comáis de todo árbol del huerto? Y la mujer respondió a la serpiente: Del fruto de los árboles del huerto podemos comer; pero del fruto del árbol que está en medio del huerto dijo Dios: No comeréis de él, ni le tocaréis, para que no muráis. Entonces la serpiente dijo a la mujer: No moriréis; sino que sabe Dios que el día que comáis de él, serán abiertos vuestros ojos, y seréis como Dios, sabiendo el bien y el mal. Y vio la mujer que el árbol era bueno para comer, y que era agradable a los ojos, y árbol codiciable para alcanzar la sabiduría; y tomó de su fruto, y comió; y dio también a su marido, el cual comió así como ella. Entonces fueron abiertos los ojos de ambos, y conocieron que estaban desnudos; entonces cosieron hojas de higuera, y se hicieron delantales».

Otro ejemplo bastante claro es el caso de Caín. Caín se dio cuenta de que Jehová había recibido con agrado la ofrenda que Abel le llevó; entonces desmayó su semblante y él sintió que su ofrenda no fue recibida de la misma manera que la de su hermano. Luego Caín, violando su propia conciencia se levantó en contra de su hermano Abel, armando un plan para matarle. La Escritura nos relata cómo es que Caín engañó a su hermano; lo invitó para que salieran un día juntos al campo y ahí le dio muerte. Que triste es darse cuenta por las Escrituras que Caín se dejó enceguecer por el enemigo, dando oportunidad a la envidia y al celo para después planear en su corazón la manera de quitar la vida a su propio hermano. La Palabra de Dios dice:

«Y aconteció andando el tiempo, que Caín trajo del fruto de la tierra una ofrenda a Jehová. Y Abel trajo también de los primogénitos de sus ovejas, de lo más gordo de ellas. Y miró Jehová con agrado a Abel y a su ofrenda; pero no miró con agrado a Caín y a la ofrenda suya. Y se ensañó Caín en gran manera, y decayó su semblante. Entonces Jehová dijo a Caín:

¿Por qué te has ensañado, y por qué ha decaído tu semblante? Y dijo Caín a su hermano Abel: Salgamos al campo. Y aconteció que estando ellos en el campo, Caín se levantó contra su hermano Abel, y lo mató» (Génesis 4:3-6, 8).

Encontramos en las Escrituras versículos claves que nos hablan de la pureza que Dios desea que exista en la conciencia y en lo interno del ser humano. Tito 1:15 dice: «*Todas las cosas son puras para los puros, mas para los corrompidos e incrédulos nada les es puro; pues hasta su mente y su conciencia están corrompidas*». La conciencia del rey David le redargüía de pecado y él reconocía que había fallado a Dios. En el Salmo 51:3 él escribe: «*Porque yo reconozco mis rebeliones, y mi pecado está siempre delante de mí*». El apóstol Pablo hace mención acerca de la conciencia cuando dice: «*Y por esto procuro tener siempre una conciencia sin ofensa ante Dios y ante los hombres*» (Hechos 24:16).

EL CORAZÓN

EL CORAZÓN HUMANO ES UN ÓRGANO VITAL QUE DIOS ha puesto en cada ser humano, es el centro y el eje en donde convergen todas las funciones esenciales del cuerpo. El corazón se compone de muchos tejidos y células, y gracias a la misericordia de Dios, puede palpitar.

Pero existe también otro tipo de corazón, el corazón que está ligado a los sentimientos y las intenciones del ser humano. Proverbios 23:7 dice *«Porque cual es su pensamiento en su corazón, tal es él. Come y bebe, te dirá; mas su corazón no está contigo»*. En el corazón es donde llegan las corazonadas de algo que puede suceder ya sea bueno o malo. También es en el corazón donde el ser humano siente el abatimiento, el dolor, la soledad, la tristeza,

> El corazón está ligado a los sentimientos y las intenciones del ser humano

la alegría, la angustia, la aflicción, etc. En Salmos 143:4 leemos: «*Y mi espíritu se angustió dentro de mí; Está desolado mi corazón*».

Más allá de lo físico (respecto a que el corazón es un músculo, un órgano del sistema sanguíneo y del cuerpo humano), es necesario saber también que el corazón es lo que existe adentro en lo más profundo de nosotros (de nuestra parte invisible). No cabe duda de que es importante mencionar y recalcar que en la parte interna del ser humano (en el corazón), se encuentran las emociones, los pensamientos y el intelecto del hombre. En las Sagradas Escrituras encontramos varias porciones

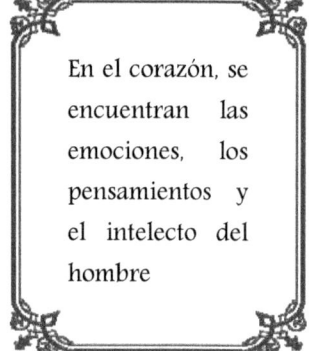

En el corazón, se encuentran las emociones, los pensamientos y el intelecto del hombre

que nos explican qué es lo que realmente hay adentro del corazón, es decir, de la parte de nosotros que no es tangible. ¿Por qué el corazón necesita cuidarse con diligencia? Porque a veces él nos puede engañar o traicionar haciéndonos creer que estamos actuando de la manera correcta, cuando es todo lo contrario. La Biblia nos revela en Jeremías 17:9-10 lo siguiente: «*Engañoso es el corazón más que todas las cosas, y perverso; ¿quién lo conocerá? Yo Jehová, que escudriño la mente, que pruebo el corazón, para dar a cada uno según su camino, según el fruto de sus obras*». También Proverbios 4:23-27 nos dice:

> «Sobre toda cosa guardada, guarda tu corazón; Porque de él mana la vida. Aparta de ti la perversidad de la boca, Y aleja de ti la iniquidad de los labios. Tus ojos miren lo recto, Y diríjanse tus párpados hacia lo que tienes delante. Examina la senda de tus pies, Y todos tus caminos sean rectos. No te desvíes a la derecha ni a la izquierda; Aparta tu pie del mal».

Vemos ejemplos en las Escrituras del caso del pueblo de Israel, cuando Dios les dice que quitará de ellos el corazón de piedra para ponerles uno de carne. Él no se estaba refiriendo al corazón físico, sino a la insensibilidad e indiferencia que había dentro de ellos. Dios estaba interesado en poner en el pueblo un corazón nuevo; Él quería operar y transformar en ellos lo que había en lo más profundo de su ser: el corazón. Dios estaba hablando de lo interno, de lo que no se ve, por eso Él les dice: «*Y les daré un corazón, y un espíritu nuevo pondré dentro de ellos; y quitaré el corazón de piedra de en medio de su carne, y les daré un corazón de carne*» (Ezequiel 11:19).

Otro ejemplo del endurecimiento del corazón humano es el caso de Faraón, rey de Egipto, quien había endurecido el corazón para no dejar salir al pueblo de Dios; él quería continuar teniendo al pueblo de Dios como esclavos indefinidamente. Sin embargo, debido a esta actitud de desobediencia y rebeldía en el corazón del rey Faraón, sus siervos y el pueblo egipcio tuvieron que afrontar gravísimas consecuencias. Éxodo 8:1-6 dice:

«Entonces Jehová dijo a Moisés: Entra a la presencia de Faraón y dile: Jehová ha dicho así: Deja ir a mi pueblo, para que me sirva. Y si no lo quisieres dejar ir, he aquí yo castigaré con ranas todos tus territorios. Y el río criará ranas, las cuales subirán y entrarán en tu casa, en la cámara donde duermes, y sobre tu cama, y en las casas de tus siervos, en tu pueblo, en tus hornos y en tus artesas. Y las ranas subirán sobre ti, sobre tu pueblo, y sobre todos tus siervos. Y Jehová dijo a Moisés: Di a Aarón: Extiende tu mano con tu vara sobre los ríos, arroyos y estanques, para que haga subir ranas sobre la tierra de Egipto».

Leemos también que Faraón llamó a Moisés y a Aarón y les pidió que oraran a Jehová.

«Entonces Faraón llamó a Moisés y a Aarón, y les dijo: Orad a Jehová para que quite las ranas de mí y de mi pueblo, y dejaré ir a tu pueblo para que ofrezca sacrificios a Jehová. Y dijo Moisés a Faraón: Dígnate indicarme cuándo debo orar por ti, por tus siervos y por tu pueblo, para que las ranas sean quitadas de ti y de tus casas, y que solamente queden en el río. Y él dijo: Mañana. Y Moisés respondió: Se hará conforme a tu palabra, para que conozcas que no hay como Jehová nuestro Dios. Y las ranas se irán de ti, y de tus casas, de tus siervos y de tu pueblo, y solamente quedarán en el río» (vv. 8-11).

Lo mismo sucedió con la plaga de las moscas; pues nos dice la Biblia en ese mismo capítulo:

«Entonces Moisés salió de la presencia de Faraón, y oró a Jehová. Y Jehová hizo conforme a la palabra de Moisés, y quitó todas aquellas moscas de Faraón, de sus siervos y de su pueblo, sin que quedara una. Mas Faraón endureció aun esta vez su corazón, y no dejó ir al pueblo» (vv. 31-32).

No podemos engañar a Dios, ya que Él conoce perfectamente todo lo que existe en lo más profundo del corazón del ser humano. Por medio de su Palabra Él discierne los pensamientos y las intenciones del corazón. Hebreos 4:12 nos dice: *«Porque la palabra de Dios es viva y eficaz, y más cortante que toda espada de dos filos; y penetra hasta partir el alma y el espíritu, las coyunturas y los tuétanos, y discierne los pensamientos y las intenciones del corazón».*

Todos los seres humanos nos alimentamos cada día. Podemos comer cualquier clase de comida, pero esta no es la que nos contamina, porque Dios ya la santificó, limpió y purificó; más bien, lo importante es poner cuidado con lo que sale del corazón. Jesús dijo:

«El hombre bueno, del buen tesoro de su corazón saca lo bueno; y el hombre malo, del mal tesoro de su corazón saca lo malo; porque de la abundancia del corazón habla la boca» (Lucas 6:45). Realmente el ser interno no se contamina por lo que la persona come sino por lo que sale del corazón, es decir, por lo que habla con su boca. Jesús dijo también: «Porque del corazón salen los malos pensamientos, los homicidios, los adulterios, las fornicaciones, los hurtos, los falsos testimonios, las blasfemias. Estas cosas son las que contaminan al hombre; pero el comer con las manos sin lavar no contamina al hombre» (Mateo 15:19-20).

Todos los seres humanos alrededor del mundo tenemos problemas; tanto ricos, pobres, grandes y pequeños, aunque quizás unos más fuertes que otros. A veces pasamos problemas difíciles y buscamos la forma de resolverlos de una u otra manera; en esos momentos el alma y el corazón se sienten en desesperación, en angustia y en depresión, buscando la salida. Las decisiones que una persona toma cuando siente que su corazón está turbado y agobiado son extremadamente importantes.

En los momentos en que un ser humano está pasando circunstancias duras; cuando las olas de los problemas se levantan en su contra y siente ahogarse (pues no hay paz en su interior), en esos momentos debe de fijarse muy bien en lo que hace. Es urgente la ayuda del Señor, pasar tiempos de oración y meditación en las Escrituras y buscar ayuda de las personas que el Señor le ponga para salir adelante.

Si usted, en algún momento de su vida experimenta un excesivo estrés; oye muchas voces en su mente que le sugieren hacer locuras; se hace muchas preguntas que no tienen respuesta, y no haya que hacer; no es recomendable proceder bruscamente queriendo solucionar esa situación difícil con sus propias fuerzas. Antes bien, ese es el momento apropiado para meditar y poner atención a lo que el corazón siente hacer, porque usted no debe cometer actos y hacer cosas que puedan ocasionar daños permanentes a su vida o la vida de los demás. Déjeme decirle que hay provisión en el Dios Todopoderoso; Él le quiere ayudar. El Señor desea que salga de ese estado crítico y Él se levantará a pelear por usted; solamente se necesita reconocer que Él es el único que puede intervenir y dar una solución definitiva al asunto. Proverbios 3:5-8 nos dice:

> «Fíate de Jehová de todo tu corazón, y no te apoyes en tu propia prudencia. Reconócelo en todos tus caminos, y él enderezará tus veredas. No seas sabio en tu propia opinión; Teme a Jehová, y apártate del mal; Porque será medicina a tu cuerpo, y refrigerio para tus huesos».

LA ORACIÓN

LA VIDA CRISTIANA COMIENZA CON UNA ORACIÓN. Es esencial y sumamente necesario dar un paso decidido: orar a Dios con todo el corazón, rogándole que tenga misericordia de nosotros. Esta oración —a la que se le ha llamado, la oración del pecador— es la que nos abre las puertas para comenzar una vida de relación sincera y real con nuestro Creador. Quizás usted nunca ha escuchado la palabra *oración,* ni sabe que significa exactamente. Tal vez usted conozca la palabra *rezar,* y esta palabra, aunque se asemeja mucho, no es exactamente lo mismo. *Rezar* es recitar las oraciones que alguien más hizo alguna vez; y aunque esto no es malo, Dios quiere que usted mismo le exprese lo que usted mismo siente. Las oraciones de alguna otra persona pueden ser muy hermosas y estar expresadas con mucha elocuencia, sin embargo, no es la elocuencia de un discurso lo que Dios escucha, sino la sinceridad de su corazón.

Cada persona sincera busca comunicarse con Dios y lo hace como sabe y puede. Creo que la mayoría de las personas buscan la forma de comunicarse con Dios y desean tener una relación estrecha con Él. Le diré algo: de la manera que usted sabe acercarse a Dios hágalo, Él le escuchará si usted se dirige a Él con la actitud correcta. No necesita que sus palabras sean elocuentes, incluso si usted usa un lenguaje sencillo y simple, Él le entiende perfectamente y le escuchará si realmente usted desea comunicarse con Él.

La oración es el hilo de fe y es el medio que tenemos para acercarnos al trono de la gracia de Dios. Todos podemos llegar al Padre mediante la sangre de Jesús; y estando ante Él, presentarle nuestras peticiones, problemas, situaciones y necesidades. La oración es el vehículo por medio del cual podemos acercarnos a Dios, elevar nuestras vidas y expresarle gratas palabras de agradecimiento. Todo ser humano debería tener gratitud hacia su Creador por lo bueno y misericordioso que Él ha sido —y sigue siendo— para con nosotros.

Toda persona alrededor del mundo tiene la posibilidad de acercarse a Dios. El acceso que cada uno tiene a Dios es una bendición; es una gran bendición

> Todos podemos llegar al Padre mediante la sangre de Jesús

poder dirigirse al Dios Soberano siendo simples creaturas. La oración es el alimento mediante el cual el ser humano es fortalecido; pues esta vivificará y nutrirá su espíritu, así como el alimento físico nutre el cuerpo. Por medio de la oración llegamos a Dios, y le pedimos que remueva de nosotros todas aquellas cosas que nos impiden avanzar. Todo aquello que obstaculiza nuestro desarrollo como personas.

Asimismo, la oración es el medio que Dios nos ha dejado para entregarle y rendirle a Él todas aquellas batallas y luchas que son difíciles de superar por nuestra propia cuenta. Quizás usted siente 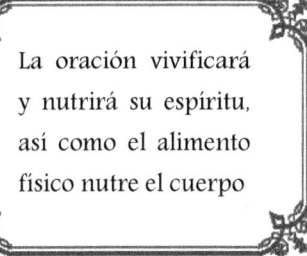 que se han levantado gigantes en su contra y siente que ya no puede más. Es impresionante y maravilloso saber que podemos contar con Alguien experto que de verdad nos puede ayudar en el tiempo que lo necesitamos: Jehová de los Ejércitos. La Biblia dice: «*¿Quién es este Rey de gloria? Jehová el fuerte y valiente, Jehová el poderoso en batalla*» (Salmos 24:8).

Estamos viviendo tiempos extremadamente difíciles y peligrosos en todo el mundo. Cada ser humano vive su vida como le gusta, y el mundo sigue; pero hoy más que nunca necesitamos buscar a Dios en oración, y buscarlo de todo corazón y con toda súplica.

Jesús, el Mesías, también clamó en oración en los momentos cruciales y críticos, pidiendo la ayuda a su Padre Celestial. Él tenía una vida de constante oración y nos dejó el mayor ejemplo a seguir; Él es nuestra inspiración. Él, como nosotros, se sintió solo, pasó angustias, dolor, sufrimiento, desprecio y humillación. Mateo 14:23 dice: «*Después de despedir a la gente, subió a las colinas para orar a solas. Mientras estaba allí solo, cayó la noche*» (NTV). También Hebreos 5:7 dice: «*Mientras estuvo aquí en la tierra, Jesús ofreció oraciones y súplicas con gran clamor y lágrimas al que podía rescatarlo de la muerte. Y Dios oyó sus oraciones por la gran reverencia que Jesús le tenía*» (NTV). Aunque Jesús era (y es) el Hijo de Dios, aprendió la obediencia por medio de las cosas que sufrió.

Quizá usted diga: «Yo no sé orar, ¿de qué manera me puedo acercar a Dios en oración? Orar no es algo complicado, antes bien, es algo simple y se trata de hablar, platicar y tener comunicación con Dios. Jesús de Nazaret les enseñó a sus discípulos la manera correcta para orar y les dejó un modelo para acercarse al Padre en oración. Me gusta cómo se expresa la versión de la Biblia la Traducción en Lenguaje Actual cuando traduce Mateo 6:7-8:

> «Cuando ustedes oren, no usen muchas palabras, como hacen los que no conocen verdaderamente a Dios. Ellos creen que, porque hablan mucho, Dios les va a hacer más caso. No los imiten, porque Dios, nuestro Padre, sabe lo que ustedes necesitan, aun antes de que se lo pidan».

Luego viene la oración del Padre nuestro (RVR1960):

> «Vosotros, pues, oraréis así: Padre nuestro que estás en los cielos, santificado sea tu nombre. Venga tu reino. Hágase tu voluntad, como en el cielo, así también en la tierra. El pan nuestro de cada día, dánoslo hoy. Y perdónanos nuestras deudas, como también nosotros perdonamos a nuestros deudores. Y no nos metas en tentación, mas líbranos del mal; porque tuyo es el reino, y el poder, y la gloria, por todos los siglos. Amén» (Mateo 6:9-13).

Yo no sé lo que usted esté pasando en este preciso momento, tal vez está pasando angustia, soledad, tristeza, desesperación, dolor, luto; quizá sienta que la carga es demasiado pesada y no sabe qué hacer ni a dónde correr. Todos los seres humanos somos vulnerables de una u otra forma por las diferentes circunstancias que pasamos cada día; a veces llega el desánimo, la debilidad, la desolación, las flaquezas; pero en esos momentos necesitamos acudir a alguien más y pedirle ayuda. El único refugio se encuentra en Dios, sin Él no somos nada, Él conoce todo lo que pasamos y nada está fuera de su conocimiento.

La oración es la llave y el medio para hablar con Dios y depositar en Él nuestras cargas. En Él se encuentra el refugio, la respuesta y la solución que usted busca. Créame que Dios es suficientemente poderoso para solucionar cualquier situación adversa en su vida; lo que es imposible para usted, para Él no lo es. Usted puede acercarse a Él confiadamente, y platicarle sus problemas, sus situaciones; de la misma manera que lo haría con su mejor amigo o amiga. Dios escucha cuando clamamos a Él, Él es su mejor amigo, su mejor confidente, Uno que está disponible en todo tiempo y dispuesto a ayudarle. Cuando buscamos a Dios en oración, es recomendable pedir la dirección del Espíritu Santo, ya que a veces pedimos, pero no lo hacemos de la manera correcta. Santiago 4:3 dice:

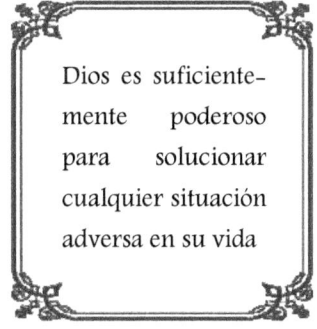

Dios es suficientemente poderoso para solucionar cualquier situación adversa en su vida

> «Pedís, y no recibís, porque pedís mal, para gastar en vuestros deleites». Romanos 8:26-27 también dice: «Y de igual manera el Espíritu nos ayuda en nuestra debilidad; pues qué hemos de pedir como conviene, no lo sabemos, pero el Espíritu mismo intercede por nosotros con gemidos indecibles. Mas el que escudriña los corazones sabe cuál es la intención del Espíritu, porque conforme a la voluntad de Dios intercede por los santos».

Cuando usted hace el tiempo para orar y clamar a Dios con fe, créame que no está perdiendo el tiempo; son esos momentos de búsqueda de Dios los que serán la clave para que Él lo sorprenda con sanidades, milagros y respuestas increíbles. Santiago 5:16

dice: «*Por eso, confiesen sus pecados unos a otros, y oren unos por otros, para que Dios los sane. La oración de una persona buena es muy poderosa, porque Dios la escucha*» (TLA).

En las Escrituras encontramos muchas promesas y respuestas que ofrecen alivio a cualquier persona que lo necesita. (Los siguientes versículos los transcribo de la DHH). Salmo 18:6 dice: «*¡Me encontré en trampas mortales! En mi angustia llamé al Señor, pedí ayuda a mi Dios, y él me escuchó desde su templo; ¡mis gritos llegaron a sus oídos!*». También en el Salmo 145:18-19 dice: «*El Señor está cerca de los que lo invocan, de los que lo invocan con sinceridad. Él cumple los deseos de los que lo honran; cuando le piden ayuda, los oye y los salva*». Filipenses 4:6-7 dice: «*No se aflijan por nada, sino preséntenselo todo a Dios en oración; pídanle, y denle gracias también*». Dios da una paz mucho más grande de lo que el hombre puede entender; y esta paz será conservada en los corazones y pensamientos de los que creen en Cristo Jesús. 1 Juan 5:14-15 dice: «*Tenemos confianza en Dios, porque sabemos que si le pedimos algo conforme a su voluntad, él nos oye. Y así como sabemos que Dios oye nuestras oraciones, también sabemos que ya tenemos lo que le hemos pedido*». Jeremías 29:12-13 también nos dice: «*Entonces ustedes me invocarán, y vendrán a mí en oración y yo los escucharé. Me buscarán y me encontrarán, porque me buscarán de todo corazón*».

Por medio de la oración han surgido grandes acontecimientos, eventos gloriosos y grandes avivamientos en la historia de la Iglesia Cristiana alrededor del mundo; uno de ellos, por ejemplo, fue el Movimiento de Azuza, en la calle Bonnie Brae, en Los Ángeles, California. Estos avivamientos han sido realidad debido al clamor de hombres y mujeres, los cuales tuvieron la determinación de pasar tiempo con Dios buscándole con pasión y entrega; pagando el precio de rodillas, buscando la presencia de Dios para que Él se mueva sobrenaturalmente alrededor del mundo. Mi mayor deseo es que Dios desate hambre, sed y pasión en nuestras vidas por la búsqueda de su presencia; ya que solo en esos tiempos de oración es donde renovamos nuestro ser completo, espíritu, alma y cuerpo. Es ahí donde el poder de Dios se mueve a nuestro favor y se operan sanidades y milagros como respuestas a nuestras oraciones.

LA MENTALIDAD

CADA SER HUMANO POR NATURALEZA TIENE SU manera de pensar, accionar y desarrollarse en el medio que le rodea. Para poder entender qué es en sí *la mentalidad,* necesitamos primeramente saber qué es la mente y qué es lo que se mueve dentro de ella.

Mente es la parte del ser humano donde se encuentran los pensamientos, el intelecto y también es ahí en donde el ser humano acumula información (mediante las facultades cerebrales). Con el término *mente* existen varias palabras afines que expresan las cualidades de la mente, tales como juicio, percepción, inteligencia, raciocinio, pensamiento, intención, recuerdo, estado mental, opinión y actitud. La mente es el conjunto de capacidades cognitivas (aplicables a todas las actividades mentales) que engloban procesos como la percepción, la conciencia, la memoria, la imaginación, etc.; y de estas, algunas son propias del ser humano y otras son compartidas con otras formas de vida. La mente, definida como conjunto de procesos, debe ser diferenciada del estado mental que una persona está experimentando, tales como el deseo, la sensación de dolor o las creencias, que son instancias, tipos o ejemplos de dichos procesos.

A través de la historia este concepto de *mente* ha sido concebido ontológicamente (parte de la metafísica que trata del ser en general) en diferentes categorías (cómo una sustancia distinta del cuerpo, como una parte de este, o como un proceso o una propiedad). Sin embargo, las concepciones dominantes actuales, ambas materialistas, se engloban en la teoría de la identidad mente-cerebro y el funcionalismo. Este punto es de suma importancia e indispensable en el ser humano, porque tiene que ver con la renovación total de la mentalidad, y estos cambios son necesarios para poder ser efectivos en medio de una sociedad, en la familia y en la iglesia.

> La mente es el lugar en donde se generan los pensamientos

En la Biblia tenemos versículos claves que nos enseñan de qué forma se puede renovar la mente, el entendimiento, y de cómo traer los pensamientos cautivos a Cristo. Romanos 12:2 dice: «*No os conforméis a este siglo, sino transformaos por medio de la renovación de vuestro entendimiento, para que comprobéis cuál sea la buena voluntad de Dios, agradable y perfecta*». También 2 Corintios 10:5 nos dice: «*Derribando argumentos y toda altivez que se levanta contra el conocimiento de Dios, y llevando cautivo todo pensamiento a la obediencia a Cristo*».

La mente es el lugar en donde se generan los pensamientos; y precisamente ahí es donde «oímos» diferentes voces. ¿Cuáles son esas voces que se escuchan en nuestros oídos? Esas voces son: (1) nuestra propia voz, (2) la voz del enemigo y, (3) la voz de Dios. Por esa razón, a veces no es fácil tomar decisiones correctas a la hora de que estamos pasando dificultades o batallas espirituales; pero esto se presenta solamente cuando nuestra mente no está controlada por el Espíritu de Dios.

La razón por la que una persona toma malas decisiones es porque no tiene el discernimiento necesario para diferenciar cuál es la clase de voz que está escuchando, y si no sabe diferenciar esa voz, tampoco podrá reaccionar correctamente. En muchos casos la persona oye la voz del enemigo que le dice al oído algo así como esto: «Tú no sirves para nada; no vas a lograr lo que quieres; no vas a cambiar; no hay esperanza para ti; nadie te ama; haz esto o lo otro; tú así naciste, etc.», y cree que esa voz es la que debe escuchar. En esos casos, la persona tendrá una mente ofuscada, y el diablo le sugerirá una salida; no obstante, esas «salidas» que el diablo ofrece tienen el fin de causarle daño; estas sugerencias que el diablo ofrecerá causarán daño tanto a él o ella mismo(a) como a los demás.

Es demasiado peligroso tomar decisiones cuando la mente se encuentra turbada y no ha pasado por el proceso de renovación y ministración del Espíritu Santo. Es en la mente donde el enemigo (que es el diablo) ataca a una persona y la atormenta. El enemigo llega a una vida para afligirla; para poner en el corazón de él o ella malos deseos, pensamientos que la intranquilizan y la hacen

> La razón por la que una persona toma malas decisiones es porque no tiene el discernimiento necesario para diferenciar cuál es la clase de voz que está escuchando

desesperarse; el objetivo del diablo es la destrucción. El plan y propósito del enemigo es destruir completamente una vida. El enemigo es astuto y aprovecha cuando una persona se siente sola, él siempre está buscando aprovechar las situaciones críticas y difíciles en la vida de alguien. El enemigo es experto en cautivar la mente del ser humano para que no avance, ni crezca espiritualmente. Este ser malévolo se opone a los planes que Dios tiene para una persona, y es ladrón. Eso es lo que dice Juan 10:10: «*El ladrón no viene sino para hurtar y matar y destruir; yo he venido para que tengan vida, y para que la tengan en abundancia*».

> Es en la mente donde el enemigo (que es el diablo) ataca a una persona y la atormenta

Como cristianos necesitamos mantener una vida de constante vigilancia; y discernir esas voces. Necesitamos pedir sabiduría a Dios para distinguir qué clase de voz estamos oyendo. 2 Corintios 2:11 dice: «*Para que Satanás no gane ventaja alguna sobre nosotros; pues no ignoramos sus maquinaciones*». También 1 Pedro 5:8 nos dice: «*Sed sobrios, y velad; porque vuestro adversario el diablo, como león rugiente, anda alrededor buscando a quien devorar*».

Imagine que aparece un león rugiente en la ciudad, en su barrio, o cerca de su casa; usted lo ve y el león luce desesperado buscando qué comer, y de repente aparece cerca de él un pobre animalito inocente, digamos, un corderito. Si el león tiene mucha hambre, ¿cuál cree usted que será la reacción del león? ¿Cree que devoraría de inmediato la presa? Esa es la forma en que el enemigo anda buscando a sus víctimas: él busca personas que estén descuidadas en lo espiritual para devorarles.

Lastimosamente, en muchos casos, hay personas que creen y obedecen a la voz incorrecta que está cruzando el umbral de su oído. Existen muchos que accionan bruscamente sin pensar y meditar en lo que están haciendo; esa es la razón por la que suceden tantas tragedias alrededor del mundo.

La mente es también un campo de batalla en donde se puede ganar o se puede perder; esto dependerá de la actitud que la persona tome, y de cómo piense a la hora de encontrarse en situaciones problemáticas o difíciles de resolver. En la mente puede revolotear un enjambre de ideas; pensamientos diversos, preguntas que se levantan; ahí se oyen muchas voces... hasta el punto en que la mente se siente confundida y la persona siente que no existe una solución a su situación o problema. No obstante, los hijos de Dios, nos adherimos a Cristo, a fin de tener su mente, y esto es la garantía de nuestra victoria. Ese es el deseo de Dios para todos nosotros. 1 Corintios 2:16 dice: «*Porque ¿quién conoció la mente del Señor? ¿Quién le instruirá? Mas nosotros tenemos la mente de Cristo*».

Cuando una persona se siente sola, turbada, abatida, y no sabe qué hacer, es necesario correr de inmediato a buscar ayuda; no obstante, independientemente de cualquier ayuda que los seres humanos puedan ofrecer, la mejor ayuda siempre se encontrará en Dios, el Todopoderoso. Él es el único que puede transformar la vida de una persona. Cuando le damos oportunidad a Dios de que tome el control, entonces Él pondrá en orden todas las cosas. Entonces tendremos una mente despejada y sana; Dios es poderoso para hacer un cambio total en toda persona que le da

> Dios es poderoso para hacer un cambio total en toda persona que le da lugar y le deja obrar

lugar y le deja obrar; Él transforma nuestra manera de pensar y de conducirnos, a fin de que alcancemos la madurez espiritual. La madurez espiritual nos permitirá vivir la plenitud de una mentalidad libre de prejuicios e ideas falsas. La madurez espiritual es la plenitud de la vida y la vida abundante que Jesús ofrece.

En primer lugar, en las Escrituras podemos encontrar la fuente de donde emana la sabiduría de Dios. Ellas son eficaces para transformar la mentalidad de una persona. Juan 5:39 nos dice: «*Escudriñad las Escrituras; porque a vosotros os parece que en ellas tenéis la vida eterna; y ellas son las que dan testimonio de mí*».

En segundo lugar, la mente necesita ser «regada» cada día con el agua que Jesús provee. Tal como un jardinero riega las flores y las plantas para que se mantengan verdes, así nuestra mente necesita ser «regada» con el agua espiritual. Y hay casos en que el jardinero les pone abono para que se mantengan bonitas y saludables. Así, el ser humano necesita *el agua* y *el abono* del cielo, es aquí en donde el trabajo del Espíritu Santo es esencial para mantener nuestra salud espiritual. El Espíritu Santo es nuestro ayudador en todo.

En tercer lugar, no podemos dejar la oración y la comunicación con Dios, pues, como ya dijimos, este es el instrumento mediante el cual nos acercamos a Él. La oración es un arma poderosa. Cuando nosotros oramos, el Espíritu Santo trabaja en nosotros y transforma la Palabra de Dios en Palabra viva y personal para nuestra vida. La comunicación con Dios hace que nos despojemos de los vicios que aquejan al alma; y nos permite desechar de nosotros todo lo malo: las envidias, los celos, las hipocresías, las blasfemias, los hurtos, las fornicaciones, las impurezas del alma, etc. Efesios 4:22-23 dice: «*En cuanto a la pasada manera de vivir, despojaos del viejo hombre, que está viciado conforme a los deseos engañosos, y renovaos en el espíritu de vuestra mente*».

En cuarto lugar, es indispensable asistir a la iglesia de continuo; es decir, es necesario dar capital importancia a la reunión de los santos. Hebreos 10:25 dice: «*No dejando de congregarnos, como algunos tienen por costumbre, sino exhortándonos; y tanto más, cuanto veis que aquel día se acerca*».

En quinto lugar, si usted puede hacer el hábito de ayunar, será esto un excelente hábito. Este hábito forma parte de las disciplinas espirituales que le ayudarán a avanzar en el proceso de transformación. El ayuno es otra de las armas poderosas de las que podemos disponer para la destrucción de las fortalezas del diablo —esto hablando en el sentido espiritual— que ilegalmente se anidan en nuestra mente. Jesús exhortaba a sus discípulos y les decía que ciertos géneros de espíritus malos no podrían ser echados fuera sino solo con oración y ayuno. Hay personas que solo con la oración y el ayuno podrán ser liberadas de las ataduras del diablo. Mateo 17:21 dice: «*Pero este género de demonios solo sale por medio de la oración y el ayuno*» (BLPH).

Los malos pensamientos agotan la mente y el alma; tanto, que la persona que los sufre se sentirá frustrada debido a no encontrar solución a todo aquello que el diablo ha maquinado y construido en su mente; estas son las ataduras del diablo a las que me refiero. Una persona en este estado, tratará de solucionar sus problemas (los mismos que son resultado directo de la atadura del diablo) y obedecerá a las sugerencias de «solución» que el diablo mismo le dé.

Ahora bien, hablando de la mente. También la mente requiere suficiente descanso. Le daré un consejo: si usted se siente cansado mentalmente, es bueno tomar tiempos de descanso para relajarse y dejar que la mente se despeje. Hay personas cuyo trabajo necesita mucha concentración; y es precisamente en esos casos que la mente necesita relajarse y tener tiempos apropiados de descanso. Sin embargo, en ocasiones no es fácil tomar tiempo para que la mente descanse, y es entonces que esta llega a agotarse.

Todos los seres humanos nos agotamos, y este agotamiento puede ser un agotamiento físico; pero debemos tener especial cuidado por el cansancio mental, porque la mente, como ya dijimos, necesita ser renovada diariamente. En Dios existe el descanso que nuestra mente necesita; en Él podemos descansar, refrescar la mente y gozar de la paz que solo Él ofrece. Isaías 26:3 -4 nos dice: «*Tú guardarás en completa paz a aquel cuyo pensamiento en ti persevera; porque en ti ha confiado. Confiad en Jehová perpetuamente, porque en Jehová el Señor está la fortaleza de los siglos*».

Cuando la Palabra de Dios ha hecho su efecto en nuestra mente y en lo interno de nuestro corazón, es entonces que se logrará tener una mentalidad equilibrada; y esto se logra porque la verdadera sabiduría de Dios, que está en las Escrituras, se ha finalmente anidado en nosotros. Es entonces que podemos decir que Dios nos ha ayudado a conquistar el terreno que el diablo nos había quitado; en esta etapa podemos decir que hemos podido vencer en muchas batallas y superado muchos obstáculos mediante la ayuda divina. Es entonces cuando realmente estamos dependiendo totalmente de Dios y podemos decir que nos hemos entregado de verdad a Él. Cuando Dios nos ha ayudado a alcanzar la madurez cristiana, podemos ver la vida desde el punto de vista de Él y nos será fácil pensar de manera positiva. No obstante, ¡cuidado!, porque el proceso de cultivar y renovar nuestra mente en Cristo Jesús es un proceso de por vida, es decir, interminable. Cada día debemos asegurarnos de tener el fruto del Espíritu (Gálatas 5:22-23).

EL CARÁCTER

SE CONOCE COMO *CARÁCTER* A UN CONJUNTO DE cualidades psíquicas y afectivas que condicionan la conducta de cada individuo. La palabra carácter proviene del griego *«kharakter»*, el cual se traduce en latín como *«character»*, lo que en español significa *«el que graba»*.

El carácter diferencia y hace especial a un individuo o grupo de individuos. El carácter o personalidad se determina por el entorno social y la cultura a la que pertenece cada ser humano, y este entorno nos ayuda también a tener una idea de la conducta y moralidad que una persona habrá de manifestar (aunque siempre hay excepciones). Es el modo de ser y de reaccionar de cada persona ante el mundo exterior y ante los demás; este es el concepto manejado con profusión por la psicología diferencial (el estudio de las diferencias individuales), y la psicología especial (el estudio de las desviaciones del desarrollo).

El término *carácter* está asociado al de temperamento y al de personalidad. El término *temperamento* alude más a los rasgos fisiológicos (nerviosos, endocrinos) que condicionan la estructura somática de la personalidad. Por su parte, el término *carácter* se reserva más para las acciones y reacciones, es decir para el comportamiento. Finalmente, el término *personalidad* implica la síntesis globalizada entre los dos: entre el ser y el actuar, entre el temperamento y el carácter.

> El carácter de una persona es la manera como reacciona habitualmente y hace frente a una situación

También, el término *carácter* alude a la firmeza de ánimo, y se suele decir que alguien tiene «mucho carácter» cuando es una persona resuelta, decidida. De un modo bastante similar, en biología se define como *carácter* a todo rasgo distintivo de un ser vivo que contribuye a diferenciarlo de otros. Este carácter puede ser genéticamente heredado (situación más común) o puede adquirirse como un fenómeno de adaptación ambiental.

A menudo se confunde el concepto de *carácter* con el de *personalidad* y el de *temperamento*. La psicología designa como carácter a la parte de la personalidad que se va desarrollando a lo largo de la vida de una persona sobre la base de sus experiencias individuales y de la cultura en la que está inmersa, abarcando lo innato más lo aprendido en la experiencia social; mientras que el temperamento comprende mayormente lo que se asienta en la herencia genética. La personalidad quedaría determinada entonces por la sumatoria de los dos componentes, carácter y temperamento.

El carácter de una persona es la manera como reacciona habitualmente y hace frente a una situación. Es también la forma en la que esta se expresa y reacciona, señalando tal o cual perfil, es decir, ciertos *rasgos, características o inclinaciones*. Por ejemplo, cuando una persona actúa con generosidad y bondad; o cuando le gusta servir y ayudar a otros, podemos definir así su carácter como bondadoso, generoso, servicial, etc. Así también, alguien será calificado como una persona rencorosa si manifiesta falta de perdón hacia los demás. Normalmente podemos identificar a los rencorosos como aquellas personas que son muy rigurosas y estrictas con los demás; los juzgan, y se rehúsan a perdonar las faltas que ellos cometen basados en este alto estándar. Decimos entonces que este tipo de personas tienen «problemas de carácter».

Otra definición de *carácter* es el conjunto de cualidades o rasgos que distinguen a una persona de las demás, fundamentalmente en lo que se refiere a su modo de ser y de reaccionar frente a distintas circunstancias.

El carácter es el reflejo de lo que una persona es y es también la parte visible del comportamiento, en otras palabras, pertenece a la conducta de una persona y a sus reacciones a la hora de resolver un problema o situación dada. El carácter de una persona es el resultado de sus actitudes, sus pensamientos, sus deseos y acciones. Cuando comenzamos a conocer a una persona, el carácter suele ser uno de los principales indicadores para darnos una idea del tipo de personalidad que ella o él tiene.

¿Qué hacer para moldear el carácter?

<u>Primero</u>: el carácter es el área donde se forma la personalidad, y es donde habitan las actitudes y las cualidades de una persona. Todos los seres humanos por naturaleza poseemos caracteres diferentes, pero es evidente que también el carácter necesita ser

sometido para ser moldeado, manejado, procesado y transformado por el poder de Dios.

<u>Segundo</u>: para moldear o cambiar el carácter se necesita ser conscientes de que existe algo que se tiene que cambiar en la persona, luego de observar el comportamiento y las emociones.

<u>Tercero</u>: cuando venimos a los pies de Cristo, venimos con un tipo de carácter propio y hasta cierto punto ya formado; esto va a depender mucho de cuáles fueron las costumbres, la crianza y estilo de vida que cada persona ha desarrollado durante toda su vida.

Eso sucede cuando reconocemos nuestros errores y voluntariamente le cedemos a Jesucristo el señorío de nuestra vida, a fin de que Él trabaje en todas aquellas áreas que comprenden nuestro ser. Siempre existen áreas en donde nos es virtualmente imposible hacer cambios para bien, y ahí es donde el Espíritu del Señor hace su obra maravillosa.

Cuando el carácter está siendo moldeado por Dios Él quita de nosotros muchas cosas que nos estorban para servirle, y nos va perfeccionando. Filipenses 3:15-16 nos dice:

> «Así que todos los que somos perfectos, tengamos esta misma actitud; y si en algo tenéis una actitud distinta, eso también os lo revelará Dios; sin embargo, continuemos viviendo según la misma norma que hemos alcanzado» (LBLA).

Tal parece que únicamente en los momentos en que estamos pasando situaciones críticas y estamos sufriendo es cuando nos detenemos a examinar nuestros corazones y podemos ver así qué cosas estamos atesorando en esta vida. Si nos examinamos con detenimiento, podremos darnos cuenta de si hay orgullo, falta de sensibilidad hacia los que sufren, etc. También podemos ver las grietas que hay en nuestro carácter: poca fe; palabras ásperas;

tacañería; impaciencia; ingratitud, etc., y si, en general, tendemos a depender de nosotros y no de Dios.

¿Cómo es el carácter de Cristo según la Biblia? En este mundo tan solo uno ha tenido un carácter perfecto: Jesús de Nazaret, el Hijo de Dios, el Redentor del mundo. Las virtudes que se combinan para formar ese carácter perfecto son: la verdad, la justicia, la sabiduría, la benevolencia y el autodominio.

Es impresionante cómo era el carácter de Jesús el Hijo de Dios cuando andaba en esta tierra; definitivamente su forma de ser sobresalía en medio de todos los demás. Él demostraba que todo lo que hacía, lo hacía con sabiduría, con cordura, con dominio propio y con una actitud perfecta; Cristo resolvía toda situación de acuerdo a la voluntad del Padre. Asimismo, la humildad de Jesús era evidente; su integridad y su corazón de siervo no tiene comparativo; el Señor nos dejó un tremendo ejemplo de servicio. Nos dice Marcos 10:45 *«Porque el Hijo del Hombre no vino para ser servido, sino para servir, y para dar su vida en rescate por muchos».* Jesús siempre fue humilde, Él era compasivo, manso, y por esa razón mucha gente le seguía. Él nunca se puso a la defensiva, ya que su objetivo no era lograr sus propios planes, sino complacer a su Padre. Juan 6:38 también nos dice: *«Porque he descendido del cielo, no para hacer mi voluntad, sino la voluntad del que me envió».*

Antes de ir a la cruz, Jesús fue interrogado por sus opresores, pero Él siempre buscaba la forma de contestar con sabiduría a las interrogantes; y a pesar del desprecio, del dolor y del sufrimiento que experimentó; de las burlas y de las críticas, Jesús no perdió el control y la cordura a la hora de responderles. Qué importante es —especialmente para los hijos de Dios—, imitar el carácter de Jesús, pues entonces podremos decir cómo dijo el apóstol Pablo: «*Sed imitadores de mí, así como yo de Cristo*» (1 Corintios 11:1).

El caso de Esaú es el caso de una persona con un carácter inmaduro; nos dice la Biblia que él fue tan insensato, que, menospreciando su primogenitura, la vendió a su hermano por un mísero plato de lentejas.

«Estos son los descendientes de Isaac hijo de Abraham: Abraham engendró a Isaac, y era Isaac de cuarenta años cuando tomó por mujer a Rebeca, hija de Betuel arameo de Padan-aram, hermana de Labán arameo. Y oró Isaac a Jehová por su mujer, que era estéril; y lo aceptó Jehová, y concibió Rebeca su mujer. Y los hijos luchaban dentro de ella; y dijo: Si es así, ¿para qué vivo yo? Y fue a consultar a Jehová; y le respondió Jehová: Dos naciones hay en tu seno, y dos pueblos serán divididos desde tus entrañas; El un pueblo será más fuerte que el otro pueblo, y el mayor servirá al menor» (Génesis 25:19-23).

Luego nos sigue diciendo:

«Y crecieron los niños, y Esaú fue diestro en la caza, hombre del campo; pero Jacob era varón quieto, que habitaba en tiendas. Y amó Isaac a Esaú, porque comía de su caza; mas Rebeca amaba a Jacob. Y guisó Jacob un potaje; y volviendo Esaú del campo, cansado, dijo a Jacob: Te ruego que me des a comer de ese guiso rojo, pues estoy muy cansado. Por tanto fue llamado su nombre Edom. Y Jacob respondió: Véndeme en este día tu primogenitura. Entonces dijo Esaú: He aquí yo me voy a morir; ¿para qué, pues, me servirá la primogenitura? Y dijo Jacob: Júramelo en este día. Y él le juró, y vendió a Jacob su primogenitura. Entonces Jacob dio a Esaú pan y del guisado de las lentejas; y él comió y bebió, y se levantó y se fue. Así menospreció Esaú la primogenitura» (vv. 27-34).

Vemos también, en el caso de Rebeca (la madre de Jacob), que su corazón no era recto delante de Dios, pues hubo en ella engaño, hipocresía y deshonestidad; el obtener la bendición de Dios mediante el engaño fue una acción incorrecta. Nos damos cuenta por las Escrituras que ella aconsejó equivocadamente a su hijo Jacob para que él usurpara la bendición que le correspondía a su hermano mayor Esaú. En los tiempos que vivieron Jacob y Esaú, el padre, antes de morir, acostumbraba a dar una bendición especial al hijo primogénito, es decir, al hijo mayor, y los hermanos menores eran señoreados por los hermanos mayores. En otras palabras, Esaú se quedó sin la bendición que él recibiría de su padre Isaac antes de que él muriera. Nos dice la Biblia:

> «Aconteció que cuando Isaac envejeció, y sus ojos se oscurecieron quedando sin vista, llamó a Esaú su hijo mayor, y le dijo: Hijo mío. Y él respondió: Heme aquí. Y él dijo: He aquí ya soy viejo, no sé el día de mi muerte. Toma, pues, ahora tus armas, tu aljaba y tu arco, y sal al campo y tráeme caza; y hazme un guisado como a mí me gusta, y tráemelo, y comeré, para que yo te bendiga antes que muera. Y Rebeca estaba oyendo, cuando hablaba Isaac a Esaú su hijo; y se fue Esaú al campo para buscar la caza que había de traer. Entonces Rebeca habló a Jacob su hijo, diciendo: He aquí yo he oído a tu padre que hablaba con Esaú tu hermano, diciendo: Tráeme caza y hazme un guisado, para que coma, y te bendiga en presencia de Jehová antes que yo muera. Ahora, pues, hijo mío, obedece a mi voz en lo que te mando. Ve ahora al ganado, y tráeme de allí dos buenos cabritos de las cabras, y haré de ellos viandas para tu padre, como a él le gusta; y tú las llevarás a tu padre, y comerá, para que él te bendiga antes de su muerte» (Génesis 27:1-10).

Esta era la bendición que le correspondía a Esaú, pero su hermano Jacob se la usurpó. Los versículos siguientes también nos dicen:

> «Y le dijo Isaac su padre: Acércate ahora, y bésame, hijo mío. Y Jacob se acercó, y le besó; y olió Isaac el olor de sus vestidos, y le bendijo, diciendo: Mira, el olor de mi hijo, como el olor del campo que Jehová ha bendecido; Dios, pues, te dé del rocío del cielo, y de las grosuras de la tierra, y abundancia de trigo y de mosto. Sírvante pueblos, y naciones se inclinen a ti; Sé señor de tus hermanos, y se inclinen ante ti los hijos de tu madre. Malditos los que te maldijeren, y benditos los que te bendijeren» (vv. 26-29).

El carácter se denota mediante las decisiones que cada uno toma en la vida, sean estas buenas o malas. El caso de Daniel, por otro lado, es la contraparte. De él, las Escrituras nos informan que decidió no contaminarse con la comida que recibía en el palacio del rey de Babilonia:

> «Y dijo el rey a Aspenaz, jefe de sus eunucos, que trajese de los hijos de Israel, del linaje real de los príncipes, muchachos en quienes no hubiese tacha alguna, de buen parecer, enseñados en toda sabiduría, sabios en ciencia y de buen entendimiento, e idóneos para estar en el palacio del rey; y que les enseñase las letras y la lengua de los caldeos. Y les señaló el rey ración para cada día, de la provisión de la comida del rey, y del vino que él bebía; y que los criase tres años, para que al fin de ellos se presentasen delante del rey» (Daniel 1:3-6).

Entre estos jóvenes sin tacha alguna estaban Daniel, Ananías, Misael y Azarías, de los hijos de Judá. Luego el versículo 8 dice: *«Y Daniel propuso en su corazón no contaminarse con la porción de la comida del rey, ni con el vino que él bebía; pidió, por tanto, al jefe de los eunucos que no se le obligase a contaminarse».*

El carácter nos ayudará a resistir las tormentas, las pruebas y las luchas del diario vivir y son en esos momentos

> El carácter se denota mediante las decisiones que cada uno toma en la vida, sean estas buenas o malas

cuando confiamos más en la soberanía de Dios y ponemos en práctica la fe. La Biblia nos exhorta a que caminemos en rectitud. Este pasaje tiene relación con lo que estoy diciendo: *«Quien actúa con rectitud camina seguro, quien anda con rodeos queda al descubierto»* (Proverbios 10:9, BLPH). Los hombres y mujeres de buen carácter serán un buen ejemplo para nuestras generaciones más jóvenes y esa fama se hará notoria. También en Tito 2:7-8 leemos: *«Presentándote tú mismo en todo como un modelo de buena conducta. Sé íntegro en la enseñanza, serio en el comportamiento, auténtico e irreprochable en el hablar»* (BLPH).

LOS PROCESOS

Hay mucho de qué hablar respecto a la palabra *proceso*. Esta palabra puede aplicarse a múltiples cosas; por ejemplo, se puede decir, «procesar productos lácteos», «la tierra pasa por su proceso antes de la siembra de una semilla», etc. También, dependiendo del contexto, la palabra *proceso* sufre distintas connotaciones. Puedo mencionar, por ejemplo, que, para la química, la palabra proceso es un conjunto de operaciones químicas o físicas de las que deriva algún tipo de reacción química, resultando en la transformación de la materia inicial en un producto final distinto. Así también, si hablamos de un proceso en el ser humano, podemos definir esta palabra como un conjunto o encadenamiento de fenómenos asociados al ser humano o a la naturaleza, que se desarrollan en un periodo de tiempo finito o infinito y cuyas fases sucesivas suelen conducir hacia un fin específico.

Cuando recurrimos al diccionario, la palabra *proceso* significa: «Procesamiento o conjunto de operaciones a la cual se somete una cosa para elaborarla o transformarla». La palabra proceso es originada del vocablo latino *«processus»,* que significa conjunto de fenómenos, concebidos como activos y organizados en el tiempo, los cuales persiguen un fin común.

Los procesos aclaran, permiten coordinar acciones y muestran cómo se logra producir de manera controlada un determinado producto o servicio. Todas las empresas alrededor del mundo siguen diferentes clases de procesos y estos a su vez se van convirtiendo en conocimiento importante que debemos guardar en algún lugar para evolucionar hacia cosas mejores.

Debido a su amplitud, podemos identificar procesos en una enorme cantidad de ámbitos dentro la actividad humana o fuera de ella, es decir, que tienen lugar en el medio natural. Los encontramos en nuestro ámbito día a día, en la manera en cómo desarrollamos nuestras actividades o nuestro entorno. Podemos afirmar que todas las transformaciones que ocurren en la naturaleza son —en algún sentido estricto— procesos, y algunos de ellos son más evidentes que otros. Por ejemplo, la gestación de un bebé es un proceso natural que nos es familiar y que es observable a lo largo del embarazo. Más difíciles de apreciar nos podrían resultar la fotosíntesis en las plantas o la erosión en las rocas, eso sin contar infinidad de procesos geológicos, cómo el movimiento de las placas tectónicas, de los que a veces solo nos percatamos cuando ocurre un terremoto muy fuerte.

En la vida humana, asociar nuestras actividades corrientes a procesos es muy común. El aprendizaje, por ejemplo, es un proceso cognitivo que implica la adquisición de nuevos conocimientos y su aplicación para un fin específico. Conducir, nadar, hablar una nueva lengua, todos estos son procesos de aprendizaje. Asimismo, por ejemplo, en la construcción de un edificio, se combinan y complementan de manera coordinada diferentes procesos técnicos: la preparación del terreno, la fabricación de los materiales de construcción, la puesta en ejecución del proyecto, la instalación de la red eléctrica y sanitaria, entre otros.

> La palabra *proceso* tiene mucho sentido en cuanto a la transformación que Dios realiza y desea hacer en una vida

Necesitamos tomar en cuenta que la palabra *proceso* tiene mucho sentido en cuanto a la transformación que Dios realiza y desea hacer en una vida. La vida del ser humano consiste en experiencias y en procesos en donde cada persona es procesada de diferentes maneras dependiendo del trasfondo que cada uno tiene; de esto también dependerá el tiempo que durará el proceso. Dios es el que tiene el tiempo perfecto para cada persona cuando está siendo procesada en algún área de su vida; pero a veces nosotros mismos alargamos el tiempo del proceso, y esto depende de nuestras actitudes. Si decimos palabras positivas o negativas, por ejemplo, esto afectará el proceso. Y muchas veces, cuando no entendemos el proceso, este será motivo de enojo o de frustración.

Los procesos y las victorias vienen de la mano. Es normal escuchar mucho en las iglesias cristianas una frase como esta: «Los hijos de Dios vamos de gloria en gloria, y de victoria en victoria». ¡Y está bien!, porque en Cristo tenemos la victoria; sin embargo, para llegar a esa gloria y a esa victoria, tenemos que ir de proceso en proceso. En algunos casos, estos procesos son dolorosos, pero no podemos obtener la victoria sobre algo si no pasamos por un proceso antes. Dios nos quiere llevar a lugares más altos, a responsabilidades más importantes, pero si no tenemos preparación para eso, ¿Cómo vamos a poder hacerlo? Es como si a usted le postularan para un trabajo en el cual necesita saber usar Excel, Word y PowerPoint, pero usted no tiene conocimiento de estos programas en lo absoluto, ¿podría usted realizar con éxito ese trabajo? Lo mismo pasa en la vida cotidiana, todos tenemos que perfeccionarnos en Dios cada día que pasa, sabiendo que Él, aún en nuestras debilidades, será glorificado. Es en los procesos donde podemos crecer en fe; si no hay dificultades en nuestras vidas y todo nos va bien, no podríamos tampoco crecer en fe. No le tengamos miedo a los procesos, yo le garantizo que cuando estamos en un proceso determinado, no vamos solos porque Dios nos acompaña y Él va adelante acomodando todo a nuestro favor.

Así como hay propósitos especiales para cada uno, hay procesos esenciales, y todos los seres humanos tenemos propósitos que perseguir, los cuales Dios nos revela de diferentes maneras: mediante la Palabra, mediante nuestros líderes, mediante profetas de Dios; o, en algunos casos, es Dios mismo quien nos habla directamente. Le puedo decir también algo con seguridad: hay propósitos diseñados por Dios desde antes de que naciéramos, y por tales procesos debemos de pasar.

En las Escrituras encontramos varios personajes que antes de que Dios les entregase una misión, o antes de colocarlos en un lugar específico, Él primero los preparó haciéndoles pasar por procesos difíciles. Me gustaría comentar respecto a este tema dos impresionantes historias. El primer personaje del cual me gustaría hablar es José.

<u>José</u>: este fue un hijo de Jacob, con quien Dios tenía grandes planes. No obstante, la clave de su éxito fue que Él estuvo dispuesto a pagar el precio de todos los procesos que tenía que

pasar antes de convertirse en el gobernador de Egipto, en el funcionario de máxima importancia en el país, tan solo después de Faraón. Imagine usted la magnitud de todo lo que José tuvo que sufrir y de todo lo que pasó en su vida; también de lo que pasó antes de ser vendido por sus hermanos, pues sus propios hermanos le tenían envidia, y lo llegaron a aborrecer tanto, que conspiraron contra él para matarle. Nos dice la Biblia:

> «Y les dijo Rubén: No derraméis sangre; echadlo en esta cisterna que está en el desierto, y no pongáis mano en él; por librarlo así de sus manos, para hacerlo volver a su padre. Sucedió, pues, que cuando llegó José a sus hermanos, ellos quitaron a José su túnica, la túnica de colores que tenía sobre sí; y le tomaron y le echaron en la cisterna; pero la cisterna estaba vacía, no había en ella agua» (Génesis 37:22-24).
>
> » Entonces Judá dijo a sus hermanos: ¿Qué provecho hay en que matemos a nuestro hermano y encubramos su muerte? Venid, y vendámosle a los ismaelitas, y no sea nuestra mano sobre él; porque él es nuestro hermano, nuestra propia carne. Y sus hermanos convinieron con él. Y cuando pasaban los madianitas mercaderes, sacaron ellos a José de la cisterna, y le trajeron arriba, y le vendieron a los ismaelitas por veinte piezas de plata. Y llevaron a José a Egipto» (vv. 26-28).

La razón por la cual los hermanos de José se levantaron contra él para hacerle daño, era porque su padre Jacob le amaba más que a ellos, y porque Dios había depositado en él grandes talentos. Dios hablaba a José por sueños; y lo más hermoso era que él tenía del Señor un don especial para interpretarlos. No obstante, aun con todo lo que había recibido de Dios, en los momentos en que José estaba en el proceso, no podía entender porque él tenía que pasar todo eso; parecía que era demasiado difícil. Indudablemente, Dios ya tenía un plan perfecto trazado para él, y vemos cómo el Todopoderoso lo guardó de todo y fue librado aún hasta de la misma muerte. Por tanto, en los procesos de Dios, Él tiene todo el control.

La Escritura nos relata que Dios llenó a José de sabiduría y de gracia para poder interpretar el sueño que Faraón había tenido. Génesis 41:14-16 nos dice:

«Entonces Faraón envió y llamó a José. Y lo sacaron apresuradamente de la cárcel, y se afeitó, y mudó sus vestidos, y vino a Faraón. Y dijo Faraón a José: Yo he tenido un sueño, y no hay quien lo interprete; mas he oído decir de ti, que oyes sueños para interpretarlos. Respondió José a Faraón, diciendo: No está en mí; Dios será el que dé respuesta propicia a Faraón».

Luego las Escrituras nos siguen diciendo:

«El asunto pareció bien a Faraón y a sus siervos, y dijo Faraón a sus siervos: ¿Acaso hallaremos a otro hombre como este, en quien esté el espíritu de Dios? Y dijo Faraón a José: Pues que Dios te ha hecho saber todo esto, no hay entendido ni sabio como tú. Tú estarás sobre mi casa, y por tu palabra se gobernará todo mi pueblo; solamente en el trono seré yo mayor que tú. Dijo además Faraón a José: He aquí yo te he puesto sobre toda la tierra de Egipto. Entonces Faraón quitó su anillo de su mano, y lo puso en la mano de José, y lo hizo vestir de ropas de lino finísimo, y puso un collar de oro en su cuello; y lo hizo subir en su segundo carro, y pregonaron delante de él: ¡Doblad la rodilla!; y lo puso sobre toda la tierra de Egipto. Y dijo Faraón a José: Yo soy Faraón; y sin ti ninguno alzará su mano ni su pie en toda la tierra de Egipto» (Génesis 41:37-44).

Cuando leemos la historia de José en el libro de Génesis (a partir del capítulo 37) podemos ver que Dios estaba con él a pesar de lo que estaba pasando: «*Ahora bien, el Señor estaba con José y las cosas le salían muy bien. Mientras José vivía en la casa de Faraón el egipcio, en Egipto, este se dio cuenta de que Dios estaba con José y lo hacía prosperar en todo*» (Génesis 39:2-3, NVI). La RVR1960 dice:

> «Llevado, pues, José a Egipto, Potifar oficial de Faraón, capitán de la guardia, varón egipcio, lo compró de los ismaelitas que lo habían llevado allá. Mas Jehová estaba con José, y fue varón próspero; y estaba en la casa de su amo el egipcio. Y vio su amo que Jehová estaba con él, y que todo lo que él hacía, Jehová lo hacía prosperar en su mano».

Qué tremendo es saber cómo Dios cuidó de la vida de José, cómo guardó su vida mientras estaba pasando por el proceso. En el proceso José recibió humillaciones, desprecios, rechazo, no solamente de sus propios hermanos, sino de otras personas también. En ese tiempo quizás José no entendía la razón por la cual pasó por tantos desiertos, luchas y batallas, pero todo eso era necesario porque un día Dios haría cumplir los planes y propósitos que Él había destinado para él. Las Escrituras nos muestran cómo Dios lo preparó para honrarlo y colocarlo cómo gobernador de Egipto y fue el segundo del rey. José —quizás hasta que ya estaba en el palacio—, finalmente se dio cuenta de cuál era la razón por la que había tenido que pasar por tantas cosas desagradables.

<u>Jesús de Nazaret</u>: tenemos otro ejemplo —y este es el más impresionante de todos—: este es el proceso por donde nuestro Señor Jesucristo pasó. A sus 30 años, cuando Él comenzó su ministerio, el Espíritu lo llevó al desierto para ser tentado por el diablo y ahí estuvo 40 días. Este fue un tiempo de proceso para Él. En Lucas 4:1-2 leemos: «*Jesús, lleno del Espíritu Santo, volvió*

del Jordán, y fue llevado por el Espíritu al desierto por cuarenta días, y era tentado por el diablo. Y no comió nada en aquellos días, pasados los cuales, tuvo hambre».

Siendo Jesús el Hijo de Dios, antes de morir fue extremadamente procesado y obtuvo para el mundo entero, por medio de su muerte, salvación y vida eterna. Siendo el Mesías, no le importó el precio que tenía que pagar, sino que experimentó gran angustia, y en el camino del dolor, mientras andaba, iba dejando un rastro de sangre; así, hasta ser crucificado en aquella cruenta cruz. Pero antes, Él fue a Getsemaní con sus discípulos para orar al Padre y pedirle que su voluntad se hiciera en Él. Dice Mateo 26:36-39:

> «Entonces llegó Jesús con ellos a un lugar que se llama Getsemaní, y dijo a sus discípulos: Sentaos aquí, entre tanto que voy allí y oro. Y tomando a Pedro, y a los dos hijos de Zebedeo, comenzó a entristecerse y a angustiarse en gran manera. Entonces Jesús les dijo: Mi alma está muy triste, hasta la muerte; quedaos aquí, y velad conmigo. Yendo un poco adelante, se postró sobre su rostro, orando y diciendo: Padre mío, si es posible, pase de mí esta copa; pero no sea como yo quiero, sino como tú».

También Lucas 22:44 dice: *«Estando en agonía, oraba más intensamente; y era su sudor como grandes gotas de sangre que caían hasta la tierra».*

Qué admirable es ver la valentía y la decisión que Jesús el Hijo de Dios tomó en medio del sufrimiento, de la agonía, de la angustia, y del dolor; Él entregó su vida hasta la muerte, fue humillado y procesado cruelmente hasta el punto culminante de ser crucificado; pero Él estaba decidido a pagar el precio, un precio que pagó siendo inocente, pero que lo hizo por amor a usted y a mí. Él se fortaleció en su Padre Celestial para así cumplir el propósito en su vida, aprendió la obediencia y por eso Dios lo exaltó. Filipenses 2:8-11 nos dice:

> «Y estando en la condición de hombre, se humilló a sí mismo, haciéndose obediente hasta la muerte, y muerte de cruz. Por lo cual Dios también le exaltó hasta lo sumo, y le dio un nombre que es sobre todo nombre, para que en el nombre de Jesús se doble toda rodilla de los que están en los cielos, y en la tierra, y debajo de la tierra; y toda lengua confiese que Jesucristo es el Señor, para gloria de Dios Padre».

Hebreos 5:8-9 dice: «*Y aunque era Hijo, por lo que padeció aprendió la obediencia; y habiendo sido perfeccionado, vino a ser autor de eterna salvación para todos los que le obedecen*».

Quizá usted mismo todavía en cierta forma no logre comprender totalmente la palabra *proceso, pero permítame compartirle algunas de las experiencias que yo* he tenido en mi caminar con Dios. Él, antes de usar a una persona o llamarle al ministerio, necesita pasarla por un proceso de transformación. A nadie le gusta experimentar procesos, especialmente cuando son dolorosos y duros, y es ahí en donde usted quizás se ha preguntado, ¿por qué me pasa esto a mí y no al hermano o hermana? Si eso está pasando en su vida, es porque Dios definitivamente está tratando con usted; con el yo. Esto quiere decir que en algún área de su vida usted necesita ser doblegado; no obstante, aunque no lo entienda ahora, un día lo entenderá perfectamente. Todos de una u otra forma pasamos por situaciones difíciles, luchas, problemas, circunstancias que no son nada agradables. Hay procesos donde sentimos que nos vamos a ahogar o asfixiar, y a veces no sabemos cómo reaccionar ni qué hacer. Los procesos no son fáciles de superar, pero son necesarios, porque nos ayudarán para poder subir y escalar peldaños hacia la madurez espiritual, la cual Dios desea que alcancemos. No obstante, gracias a Dios, cuando estamos pasando por algo difícil, tenemos la garantía de que Él está con nosotros; Él se perfecciona en nuestras debilidades y su infinita gracia nos sostiene, hasta el punto de darnos satisfacción, alegría y gozo en medio de ellas. 2 Corintios 12:9 dice:

> «Y me ha dicho: Bástate mi gracia; porque mi poder se perfecciona en la debilidad. Por tanto, de buena gana me gloriaré más bien en mis debilidades, para que repose sobre mí el poder de Cristo».

Cuando Dios nos lleva por el proceso, muchas veces Él remueve cosas que están estorbando en nuestras vidas y a veces nosotros no estamos conscientes de ello. Todo lo que Dios hace es para nuestro propio bien, y lo que experimentamos durante el tiempo del proceso no suele ser de gozo, sino más bien de dolor y lágrimas, pero es por nuestro bien. Los hijos de Dios podemos entender claramente lo que significa *ser procesados;* sin embargo, las Escrituras nos dan palabras de consuelo en el Salmo 34:17, 19. Este pasaje dice: *«Los justos gimen, y el Señor los escucha y los libra de todas sus angustias. El justo pasa por muchas aflicciones, pero el Señor lo libra de todas ellas»* (RVC).

Me imagino que quizás a usted le pasa lo mismo que a las ramas cuando el jardinero las corta. En el momento, hasta pudiera parecer una clase de castigo, pero el buen jardinero siempre sabe lo que le conviene más al árbol. Dios también sabe perfectamente lo que más le conviene a usted. Déjeme decirle que Dios tiene sus tiempos perfectos para todos en la tierra y a Él no se le pasa nada. Lo que intento decir con esto es que los procesos son vitales y necesarios especialmente en el caso de los hijos de Dios, pues en ellos Dios ha puesto su mirada para designarles algo que hacer en su viña. Vemos en la Biblia el ejemplo de Jeremías a quien Dios escogió desde antes de que él naciera. Cuantas cosas pasó el profeta Jeremías con los reyes de Israel. Así como José; a Jeremías lo metieron también en una cisterna para que muriera allí, pero Dios también a él lo salvó de la muerte para cumplir en él su plan. Dice Jeremías 1:4-5: «*Vino, pues, palabra de Jehová a mí, diciendo: Antes que te formase en el vientre te conocí, y antes que nacieses te santifiqué, te di por profeta a las naciones*».

> Nada es fácil en esta vida y que todos, de una u otra manera, pagamos un precio para alcanzar metas y planes

Cuando Dios quiere colocar a una persona para que ocupe una posición determinada, primero Él la prepara haciéndola pasar por un proceso. Muchos hijos de Dios queremos que Él nos use en un ministerio de gran magnitud en donde lo sobrenatural sea cosa de todos los días: sanidades y milagros; sin embargo, la inmensa mayoría no estamos dispuestos a pagar el precio de rodillas. Sabía usted que nada es fácil en esta vida y que todos, de una u otra manera, pagamos un precio para alcanzar metas y planes. Es en el proceso donde todos somos confrontados con nuestra propia realidad, y es ahí que nos damos cuenta de qué estamos hechos. Para alcanzar buenos resultados se requiere sacrificio, entrega, dedicación, compromiso, y disponibilidad para pasar por los procesos de Dios. Estos procesos son indispensables para alcanzar cualquier cosa que queramos obtener de Él.

Cuando estamos en medio de los procesos de Dios sentimos que vamos a perecer, queremos darnos por vencidos y no sabemos qué será de nosotros. Definitivamente, los procesos no son fáciles de superar y cada situación es diferente; sin embargo, aunque a usted y a mí no nos gusten los procesos, son necesarios, ya que estos nos sirven para escalar los peldaños de la vida cristiana, a fin de alcanzar la madurez espiritual. Gracias a Dios que cuando estamos pasando por pruebas, tenemos la garantía de que Dios estará con nosotros, Él no nos dejará solos si ponemos nuestra confianza en Él. «*Por tanto, no tengan miedo, pues yo soy su Dios y estoy con ustedes. Mi mano victoriosa les dará fuerza y ayuda; mi mano victoriosa siempre les dará su apoyo*» (Isaías 41:10, TLA).

Los procesos son el camino hacia el cumplimiento del propósito de Dios en su vida. Si usted abandona el proceso, por lo consiguiente abandonará su propósito también. Si alguien se rehúsa a pasar por los procesos de Dios, entonces vivirá una vida vacía y sin propósito. Si Dios le introdujo a un proceso es porque Él sabe que usted es capaz de superarlo mediante su mano poderosa. 1 Corintios 10:13 dice:

> «No os ha sobrevenido ninguna prueba que no sea humana; pero fiel es Dios, que no os dejará ser probados más de lo que podéis resistir, sino que dará también juntamente con la prueba la salida, para que podáis soportarla» (RVR1995).

El rey David tuvo que vivir humillaciones, persecuciones, abandono, traiciones, y un sin número de cosas, pero el objetivo de todo ello era formar su carácter y personalidad, a fin de que el propósito de Dios se cumpliera en su vida. Él fue ungido cómo rey, pero, para llegar a serlo, tuvo que pasar por varios procesos. Estos procesos fueron tan difíciles, que en más de una ocasión estuvo a punto de perder la vida; es más, hubo ocasiones en que estuvo más muerto que vivo; no obstante, David no se rindió, él permaneció firme porque sabía que Dios cumpliría su propósito en él (Salmos 138:8).

Los procesos son necesarios en nuestras vidas, y aunque pensemos que todo se ve mal, Dios tiene un propósito y un plan perfecto para cada situación que pasamos, sabiendo de antemano que Él

> No abandone el proceso porque ese proceso que está viviendo no es más grande que el propósito que Dios tiene establecido para usted

no dejará que sus hijos obedientes perezcan. Dios, nuestro Padre Celestial, quiere lo mejor para cada uno de nosotros, porque Él nos amó en gran manera. El proceso estará en proporción con el propósito de Dios para cada persona; si ambicionamos grandes cosas, también debemos estar dispuestos a atravesar grandes procesos.

En este día quiero decirle de parte de Dios: «NO ABANDONE EL PROCESO» porque ese proceso que está viviendo no es más grande que el propósito que Dios tiene establecido para usted. Hoy es el tiempo de sacudirse la tristeza, el lamento, el polvo y las ganas de rendirse. No mire hacia atrás, enfóquese más bien en el propósito de Dios para su vida. Quizá usted ha creído que no podrá salir de la situación que está viviendo y que ya no hay más que hacer. Posiblemente usted ha llegado a creer que esto que usted está atravesando es el fin de todo. Con todo y eso, hoy le digo en el nombre de Cristo Jesús que usted no se quedará a la orilla del camino, ni será avergonzado; Dios no le ha abandonado. De verdad se lo digo, así como Dios me ha ayudado a mí, y en su Nombre he podido superar muchas cosas, a usted también le puede ayudar. «NO ABANDONE EL PROCESO», regocíjese porque, si usted está siendo procesado, es porque está caminando hacia el propósito de Dios.

Muchas personas quieren que Dios cumpla su propósito en ellos, pero no quieren pasar por el proceso; sin embargo, déjeme decirle que, para llegar al cumplimiento del propósito divino, usted necesita ser procesado, ya que de otra manera no estará capacitado para aquello que Dios tiene para usted. Muchas personas, al ser introducidas en tremendos procesos, le dan la espalda a Dios y se vuelven atrás, únicamente porque creen que no podrán superar esos momentos de dificultad que están atravesando; y es cierto que solos no podemos, pero de la mano del GRAN YO SOY sí lo podremos lograr. Según la Biblia, YO SOY EL QUE SOY es el Nombre que Moisés debería dar a los israelitas cuando le preguntaran el Nombre de su Dios. Y ese mismo Dios es el mismo de usted y yo. La Biblia dice:

> «Dijo Moisés a Dios: He aquí que llego yo a los hijos de Israel, y les digo: El Dios de vuestros padres me ha enviado a vosotros. Si **ellos** me preguntaren: ¿Cuál es su nombre?, ¿qué les responderé? Y respondió Dios a Moisés: YO SOY EL QUE SOY. Y dijo: Así dirás a los hijos de Israel: YO SOY me envió a vosotros» (Éxodo 3:13-14).

TRANSFORMACIÓN Y REGENERACIÓN

EN ESTE CAPÍTULO ESTARÉ HABLANDO DE DOS palabras claves en la vida de toda persona que desea entrar, o ya ha entrado, en el reino de Dios. Estas palabras son *transformación y regeneración*. Estas dos palabras, aunque son similares, no son exactamente lo mismo, y aquí estaremos viendo sus diferencias.

La transformación

Para que una persona experimente en verdad una transformación, necesitará tomar en cuenta varios pasos o niveles. Estaré mencionando y explicando brevemente estos pasos o niveles en este capítulo; ya que el entendimiento y puesta en

> Dos palabras claves en la vida de toda persona que desea entrar en el reino de Dios son transformación y regeneración

práctica de ellos, serán clave para comenzar y concluir satisfactoriamente el proceso de transformación.

El tema de la transformación es de particular interés para todas las personas que anhelan ser mejores seres humanos, es decir, más parecidos a Cristo Jesús (el ser humano perfecto). Y esta transformación —en principio de cuentas— no tiene como prerrequisito el pertenecer a cierta cultura o raza; ni que usted tenga cierto color de piel; ni tampoco importa la creencia o la religión que usted practica ahora. Más bien, la transformación se logrará únicamente por medio de la fe; sin embargo, esta fe será evidenciada mediante el esfuerzo humano, la dedicación, la entrega y, por supuesto, todo esto será posible solo mediante la ayuda divina. La transformación —como ya dijimos— tiene una connotación distinta a la regeneración, sin embargo, estás dos están unidas: son dos conceptos claves que no se pueden separar el uno del otro.

Déjeme decirle que cada uno de nosotros somos parte de una creación perfecta y maravillosa de Dios. Él nos hizo a su imagen y semejanza y nos dio el soplo de vida. Me gusta como la versión La Palabra (Hispanoamérica) (BLPH) traduce Génesis 2:7, allí dice: «*Entonces Dios, el Señor, modeló al hombre de arcilla del suelo, sopló en su nariz aliento de vida y el hombre se convirtió en un ser viviente*». Definitivamente, somos seres privilegiados, pues fuimos diseñados y creados por el Todopoderoso para disfrutar a plenitud de una vida sana.

¿Sabía usted que la vida del cristiano no consiste únicamente en que un día usted entregó y rindió su vida a los pies de Cristo? Este es el inicio; sin embargo, la vida cristiana es mucho más que eso. Cada persona, cuando empieza a conocer el evangelio, es decir, *las buenas nuevas de salvación,* llega con trasfondos, modales, caracteres, temperamentos, maneras de pensar, costumbres, prácticas y un estilo de vida diferente. El primer paso para poder ser totalmente transformados y crecer en Cristo Jesús es entrar voluntariamente al proceso de transformación y regeneración que Él nos ofrece, pues es ahí donde Dios tendrá la oportunidad de efectuar cambios internos y externos en nosotros. Dios ya tiene de antemano un plan trazado para cada uno, y su plan es maravilloso y completo; por tanto, Él quiere que seamos perfeccionados, esto es, que entremos a su proceso de transformación. La Biblia nos dice en 2 Corintios 3:18: *«Por tanto, nosotros todos, mirando a cara descubierta como en un espejo la gloria del Señor, somos transformados de gloria en gloria en la misma imagen, como por el Espíritu del Señor».*

Así, la evidencia más segura de que se está efectuando una transformación dentro de nosotros es que cada vez nuestro carácter tiene una mayor semejanza al carácter de Cristo. El apóstol Pablo dijo: *«Sin embargo, ustedes no viven según la naturaleza pecaminosa, sino según el Espíritu, si es que el Espíritu de Dios vive en ustedes. Y, si alguno no tiene el Espíritu de Cristo, no es de Cristo»* (Romanos 8:9), y en la Reina Valera este mismo pasaje se traduce: *«Mas vosotros no vivís según la carne, sino según el Espíritu, si es que el Espíritu de Dios mora en vosotros. Y si alguno no tiene el Espíritu de Cristo, no es de él».*

Transformación significa dar otra forma u otro aspecto a algo, o a alguien, que por lógica tendrá un final diferente. En el proceso de transformación se provocan cambios *internos* en la vida de las personas. Por tanto, la verdadera transformación del individuo no se trata de cambios en la imagen exterior, aquellos que se presentan para mostrar una apariencia superficial. Por ejemplo, los artistas del mundo secular se «transforman», cambiándose de vestidura; usan trajes de diferentes estilos;

peinados, pelucas, maquillaje, etc., para aparecer ante el público con una imagen diferente, mayormente cuando cambian de personaje. No obstante, la transformación de la que estoy ahora hablando no se refiere a algo superficial; más bien, hablo de la verdadera transformación, aquella que es trabajo del Espíritu Santo, el cual inicia de adentro (en el ser interno), hacia afuera.

El proceso de transformación comienza a suceder en toda persona que experimenta el *nuevo nacimiento espiritual* y se ha convertido en una nueva criatura. 2 Corintios 5:17 dice: «*De modo que si alguno está en Cristo, nueva criatura es; las cosas viejas pasaron; he aquí todas son hechas nuevas*». Es importante saber que la transformación se comienza de cero (nadie va a cambiar de un día para otro); por tanto, debemos tomar en cuenta que es algo progresivo. Proverbios 4:18 dice: «*Mas la senda del justo es como la luz de la aurora, que va en aumento hasta que el día es perfecto*».

El proceso de transformación del ser humano puede compararse al currículum de estudios de la vida normal de casi todos nosotros. En la vida, uno comienza a asistir a la escuela desde el pre kínder.

> El alma del ser humano es la que necesita pasar por los procesos de transformación, renovación, regeneración y restauración

Luego, vamos escalando los niveles (aprobando materias y pasando exámenes, cumpliendo con tareas, etc.) y avanzando poco a poco hasta que podemos graduarnos de una carrera universitaria, y es entonces que estamos listos para trabajar en una profesión. De esa misma manera es el proceso de transformación, se va logrando de peldaño en peldaño, poco a poco, hasta llegar a culminar con los objetivos y metas que se desean lograr.

¿Cómo es que Dios opera a la hora de transformar una vida? Para poder entender esta pregunta, necesitamos saber con claridad que el ser humano, en su naturaleza, es tripartito, eso quiere decir que está compuesto por tres partes, las cuales son: el espíritu, el alma, y el cuerpo. El alma del ser humano es la que necesita pasar por los procesos de transformación, renovación, regeneración y restauración, a fin de ser moldeada a la manera de Dios. No cabe duda de que es el alma la que necesita pasar por este proceso, ya que es esta parte del ser humano la que será juzgada y llamada por Dios para dar cuentas delante de Él. También se necesita saber que el cuerpo solo es una materia en la cual está depositada y vive el alma y el espíritu del hombre. El ser humano, en su naturaleza, se resiste a los cambios —ya sean buenos o malos— y la razón podría ser que este no quiere ser confrontado con su propia realidad. Todas las personas tenemos un libre albedrío, es decir, una capacidad para escoger de qué manera deseamos vivir en esta vida. La Biblia nos recalca que no somos buenos por naturaleza, sino poseedores de una naturaleza pecaminosa; no obstante, esta naturaleza puede estar sometida a Cristo, ya que, para todo aquel que vive en el Señor, es el Espíritu quien reina. Romanos 3:23-25 nos dice:

> «Por cuanto todos pecaron, y están destituidos de la gloria de Dios, siendo justificados gratuitamente por su gracia, mediante la redención que es en Cristo Jesús, a quien Dios puso como propiciación por medio de la fe en su sangre, para manifestar su justicia, a causa de haber pasado por alto, en su paciencia, los pecados pasados».

Para poder vivir una vida de victoria y de efectividad es necesario esforzarse para cambiar nuestra actitud, despojarnos de la vieja naturaleza y renovar nuestra mentalidad. Efesios 4:22-23 dice: «*En cuanto a la pasada manera de vivir, despojaos del viejo hombre que está viciado conforme a los deseos engañosos, y renovaos en el espíritu de vuestra mente*». Por ejemplo, supongamos que tenemos un grupo de manzanas, y una de ellas está podrida. Lógicamente, esta manzana va a contaminar a las demás, por consiguiente, es necesario removerla para que las demás no sean afectadas. Con el ser humano sucede lo mismo, primero se debe de arrancar la semilla mala que se ha sembrado en el alma, a fin de que el espíritu y el ser interno no sean contaminados. La versión La Palabra (Hispanoamérica) (BLPH) traduce Gálatas 5:9 así: «*Un poco de levadura hace fermentar toda la masa*».

El proceso de transformación es esencial; no obstante, esta etapa es la más dolorosa porque Dios comienza a enderezar las áreas torcidas de nuestras vidas, alineando nuestro espíritu, alma y cuerpo a los lineamientos del Espíritu Santo. Cuando entramos en el proceso, debemos enfocarnos en lo que queremos obtener, dándole un vistazo primeramente al pasado, y luego enfocándonos en lograr un futuro exitoso y próspero. Hay personas que les cuesta mucho realizar cambios en sus vidas; les cuesta tomar decisiones. Estos se sienten con ataduras en el alma y no les es fácil poder liberarse de ellas. La carga del pasado les quita las fuerzas y la visibilidad para ver un futuro diferente. Si usted se identifica con esta clase de personas, déjeme decirle que existe un Ser Supremo para quien no hay nada imposible. Él está dispuesto a ayudarle a vencer los obstáculos y le dará la fuerza para lograr sus metas y objetivos. No importa cuantas memorias usted tenga del pasado, sean buenas o malas, Dios tiene el control de todo y Él ya marcó un glorioso destino, y un final espectacular para usted.

¿Qué es lo que necesitamos hacer para experimentar una verdadera transformación mediante el poder de Dios? ¿Sabía usted que existe alguien que es el único en toda la historia cristiana y de la humanidad, que es grande en sabiduría y que tiene la capacidad para poder obrar, cambiar, transformar, regenerar y restaurar la vida de cualquier ser humano? ¿Cómo y de qué manera es que el alma del ser humano es transformada por el poder de Dios y cuál es el proceso a la que esta necesita ser sometida? En primer lugar, el ser humano debe tener interés y sentir la necesidad de ser ayudado por el Dios Omnipotente. Dios conoce perfectamente lo que existe en lo profundo de nuestro ser; Él lo sabe todo de nosotros, y todo lo oye y lo ve. Cuando le permitimos a Dios que Él haga la obra en nuestras vidas, yo le garantizo que, si perseveramos en dejarlo moldearnos, Él hará realidad cambios radicales en nuestras vidas, y la obra que Él haya comenzado la terminará. Filipenses 1:6 dice: «*Y estoy seguro de que Dios, que ha comenzado en ustedes una labor tan excelente, la llevará a feliz término en espera del día de Cristo Jesús*» (BLPH).

Otro de los puntos que necesitamos entender es que cada uno de nosotros somos vasijas de barro, formados del polvo, quienes tarde o temprano, si le damos oportunidad, pasaremos por las manos del Alfarero Perfecto para que Él comience a hacer una obra de excelencia en nuestras vidas. Cuando nosotros llegamos a los pies de Cristo, en ese momento Dios nos recibe con los brazos abiertos. Pero se trata de vasijas frágiles, agrietadas, destrozadas y hasta, en cierta medida, destruidas completamente por causa del pecado. A partir de ahí, no sé cómo es que Dios se las ingenia para cambiarnos; no puedo ni imaginar lo difícil que es cambiar a una persona, pero

Dios lo hace. El alfarero sabe cómo trabajar con diferentes clases de vasijas. Yo me imagino, que Él toma el vaso con delicadeza, ternura, paciencia y misericordia, lo mira con ojos de amor, y comienza a trabajar con él. En el proceso de transformación, Dios comienza a remover muchas cosas de nosotros; Él quita la basura, las escorias y el peso que hay en el alma, a fin de convertirla en una vasija nueva y purificada. El Espíritu Santo es experto en quitar todo aquello que nos impide llegar a la medida del varón perfecto. Efesios 4:13 dice: «*Hasta que todos lleguemos a la unidad de la fe y del conocimiento del Hijo de Dios, a un varón perfecto, a la medida de la estatura de la plenitud de Cristo*».

La transformación que Dios hace en una vida se efectúa del interior al exterior:

« Exterior: se refiere a los cambios visibles, es decir, a las acciones que se demuestran en su diario vivir; a las palabras que dice, a su comportamiento externo; a la manera en que se conduce. Lo exterior se refiere a los resultados de las decisiones que se toman de antemano en el corazón.

« Interior: se refiere a la transformación que se gesta en el alma, en la parte interior e invisible del individuo. De las tres partes de las que está constituido el ser humano, el alma es la que perpetúa el pecado (el cual puede denotarse mediante acciones, pensamientos o palabras); no obstante, es indiscutible que es el corazón (o alma) lo que contamina al ser humano, pues Jesús dijo: «*Pero lo que sale de la boca, del corazón sale; y esto contamina al hombre. Porque del corazón salen los malos pensamientos, los homicidios, los adulterios, las fornicaciones, los hurtos, los falsos testimonios, las blasfemias*» (Mateo 15:18-19).

Déjeme decirle que la transformación de una vida se puede comparar con la transformación que sufre una oruga. Este insecto insignificante, que se arrastra por la tierra, es sometido a un proceso de cambios drásticos, hasta que logra ser una preciosa mariposa; una con grandes alas que lucen diversos colores. En la transformación se producen los cambios externos propios de la metamorfosis.

Por ejemplo, cuando Dios crea una larva (que es la oruga, antes de ser mariposa), no la crea con el fin de que se quede así toda la vida; Él la creó para que continúe en el proceso de transformación hasta que llegue a ser una bella mariposa. Sin embargo, es indispensable que pase por estos cambios, pues de otra manera, será imposible alcanzar el objetivo final. En el ser humano ocurre algo similar: él o ella tiene que sufrir los cambios que sean necesarios, a fin de que logre ser todo aquello que Dios ha determinado de antemano que sea.

El deseo de Dios es que lleguemos a alcanzar madurez emocional, y una vida espiritual completamente saludable. Cuando una persona ha sido transformada por el poder de Dios, esto significa que ha alcanzado un buen grado de madurez espiritual. Pero antes de eso, es necesario vencer muchos obstáculos y barreras, y enfrentar un buen número de situaciones difíciles. Ser maduro implica que el individuo ha conquistado batallas y ha aprendido a descansar y a depositar sus cargas totalmente en Dios. La transformación es el proceso en donde el carácter, el temperamento y la conducta son moldeados por Dios, a fin de que

> El deseo de Dios es que lleguemos a alcanzar madurez emocional, y una vida espiritual completamente saludable

todo cristiano esté preparado para llevar a término las buenas obras que el Señor preparó de antemano (Efesios 2:10). Estas personas gozarán de una mentalidad sana y renovada; y habrá paz en su ser interno. Todas estas maravillosas bendiciones únicamente pueden alcanzarse cuando una persona decide entrar y permanecer en el proceso de Dios. En el proceso de transformación de Dios el individuo es despojado del orgullo, de la ira, del egoísmo, de la envidia, y de muchas otras manifestaciones de la naturaleza caída.

La regeneración

Según el diccionario de la Real Academia Española, *regeneración* es la reconstrucción que hace un organismo vivo por sí mismo de sus partes perdidas o dañadas. Desde el punto de vista de la biología, según la Wikipedia:

> «Es el proceso de renovación, restauración y crecimiento de tejidos que hace que los genomas, las células, los organismos y los ecosistemas sean resistentes a las fluctuaciones o eventos naturales que causan perturbaciones o daños. Sin embargo, la capacidad de regenerar, al menos alguna estructura, es común en todos los filos animales. La regeneración puede darse entonces a nivel celular, de tejido, de órgano, estructura e incluso del cuerpo entero, pero en algunos organismos no se da o es altamente limitada. El proceso de regeneración de extremidades faltantes se ha observado en múltiples organismos, salamandras, cangrejos y estrellas de mar entre otros».

Cuando llegamos a los pies de Cristo, venimos con un gran peso en el alma. Arrastramos prácticas y malas costumbres, obras que complacen los deseos pecaminosos de la carne. Antes de venir al Señor estamos normalmente abrumados por situaciones difíciles, y un mundo de pensamientos se aglomera en nuestra mente. Con todo, en la gran mayoría de los casos, nos atrevemos a decir: «Yo soy buena persona y así como soy me siento bien». Déjeme decirle que todos, absolutamente todos los seres humanos, necesitamos ser regenerados y transformados por el poder de Dios. La Biblia dice: «*Aun nuestras mejores obras son como un trapo sucio; hemos caído como hojas secas, y nuestros pecados nos arrastran como el viento*» (Isaías 64:6 TLA).

> La regeneración es un término teológico que significa nacer de nuevo en el sentido espiritual

La regeneración es un término teológico que significa *nacer de nuevo* en el sentido espiritual. En las Escrituras se describe el encuentro que Jesús tuvo con un hombre importante y prominente entre el pueblo judío que se llamaba Nicodemo. Este hombre no entendía la terminología bíblica «nacer de nuevo» ni «el nacimiento espiritual»; ya que él miraba el panorama con los ojos naturales y no con los ojos del Espíritu.

Él se interesó mucho en la frase «nacer de nuevo» y quería saber más; fue por ello que le preguntó a Jesús que cómo es que siendo él un hombre viejo podría entrar de nuevo al vientre de su madre y nacer. El Maestro le explicó entonces conforme a las Escrituras. La Reina Valera Contemporánea (RVC) traduce Juan 3:1-6 de la siguiente manera:

> «Entre los fariseos había un hombre que, entre los judíos, era muy importante. Se llamaba Nicodemo. Éste vino de noche a ver a Jesús, y le dijo: "Rabí, sabemos que has venido de parte de Dios como maestro, porque nadie podría hacer estas señales que tú haces si Dios no estuviera con él". Jesús le respondió: "De cierto, de cierto te digo, que el que no nace de nuevo, no puede

ver el reino de Dios". Nicodemo le dijo: "¿Y cómo puede un hombre nacer, siendo ya viejo? ¿Acaso puede entrar en el vientre de su madre, y volver a nacer?" Jesús le respondió: "De cierto, de cierto te digo, que el que no nace del agua y del Espíritu, no puede entrar en el reino de Dios. Lo que nace de la carne, carne es; y lo que nace del Espíritu, espíritu es"».

Al momento de nacer físicamente, el ser humano entra en un mundo terrenal; así también, en el nacimiento espiritual, la nueva persona que ha sido regenerada mediante el poder del Espíritu Santo, entra en el reino celestial. Efesios 2:6 dice: «*y juntamente con él nos resucitó, y asimismo nos hizo sentar en los lugares celestiales con Cristo Jesús*». Después de la regeneración comenzamos a ver y a oír espiritualmente; es entonces que buscamos y anhelamos las cosas celestiales, pues comenzamos a vivir una vida de fe. La demostración de que realmente ha ocurrido este nuevo nacimiento son los cambios radicales internos que tienen lugar en nosotros. 2 Corintios 5:17 dice: «*De modo que si alguno está en Cristo, ya es una nueva creación; atrás ha quedado lo viejo: ¡ahora ya todo es nuevo!*» (RVC).

¿Cómo es que se opera el proceso de regeneración en una vida? En esta etapa es donde poco a poco —y voluntariamente— vamos entregando nuestra voluntad totalmente a Dios; es decir, las costumbres (cosas que traemos del pasado), el carácter y el temperamento, todo necesita ser regenerado. A una persona que está cansada de vivir la vida que está viviendo (una vida de fracaso y frustración constante), le será más fácil que se entregue totalmente al Señor, pues realmente está decidida a abandonarse en los brazos del Salvador Cristo Jesús. No obstante, cuando la persona piensa que todo en su vida está caminando bien, no puede entender que necesita de esta regeneración.

Sin embargo, la regeneración no es opcional, es algo que debemos de buscar día a día para nuestro propio beneficio. Juan 3:6 dice: «*Lo que es nacido de la carne, carne es; y lo que es nacido del Espíritu, espíritu es*». Sabemos perfectamente que antes de que Dios enviara a su Hijo unigénito para salvarnos, el ser humano estaba perdido, sin Dios y sin ninguna esperanza; más Dios tuvo compasión del mundo perdido. Consiguientemente, el ser humano necesita someterse a Dios y entrar en etapas importantes para poder disfrutar de cambios favorables que serán de mucho beneficio personal, y estos cambios se van efectuando paulatinamente. Efesios 2:1-2 dice:

> «Y él os dio vida a vosotros, cuando estabais muertos en vuestros delitos y pecados, en los cuales anduvisteis en otro tiempo, siguiendo la corriente de este mundo, conforme al príncipe de la potestad del aire, el espíritu que ahora opera en los hijos de desobediencia».

La regeneración no consiste meramente en rehacer o reformar de nuevo al hombre viejo de pecado; más bien la creación de la que habla 2 Corintios 5:17 es una completamente nueva y diferente, algo que Dios hace en el individuo (hablando en el sentido espiritual). Todos los seres humanos necesitamos ser regenerados en el área del alma, ya que nuestra vida ha sido corrompida por el pecado. Tito 3:5 nos dice: «*Nos salvó, no por obras de justicia que nosotros hubiéramos hecho, sino por su misericordia, por el lavamiento de la regeneración y por la renovación en el Espíritu Santo*».

Antes de que podamos vivir vidas diferentes, tenemos que esforzarnos y estar conscientes de que necesitamos hacer cambios en todo nuestro ser, tanto interno como externo, sabiendo que la vida del ser humano depende de lo que está dentro de él y no de lo exterior. La Biblia nos menciona que debemos cuidar el corazón porque de él emana la vida. Proverbios 4:23 dice textualmente: «*Sobre toda cosa guardada, guarda tu corazón; porque de él mana la vida*». La libertad que tenemos en Cristo ha roto las cadenas y ligaduras que tenían atado nuestro ser interior, y por consecuencia, esa libertad se reflejará en el exterior de nuestras vidas. Juan 8:32 dice: «*Y conoceréis la verdad, y la verdad os hará libres*». El versículo 36 también dice: «*Así que, si el Hijo os libertare, seréis verdaderamente libres*». Una persona regenerada tendrá fruto de buenas obras, de buen carácter, de buenas actitudes, pues él o ella ya se ha despojado de la vieja naturaleza pecaminosa y se ha vestido de la nueva naturaleza, la naturaleza divina. Colosenses 3:9-10 dice:

> «No mintáis los unos a los otros, habiéndoos despojado del viejo hombre con sus hechos, y revestido del nuevo, el cual conforme a la imagen del que lo creó se va renovando hasta el conocimiento pleno» (BLPH).

Efesios 2:10 dice también: «*Porque somos hechura suya, creados en Cristo Jesús para buenas obras, las cuales Dios preparó de antemano para que anduviésemos en ellas*». Todo lo que somos, se lo debemos a Dios. Él nos ha creado por medio de Cristo Jesús, para que hagamos el bien, el bien que Dios mismo nos señaló de antemano como norma de conducta. Hay personas que se consideran «buenas personas» y están muy seguras de que jamás han hecho cosas malas; estas se justifican creyendo que no necesitan ser regeneradas ni transformadas. No obstante, si de verdad se examinarán, se dieran cuenta de su propia condición, notarán que no están en lo correcto. El deseo de Dios es que seamos mejores personas, capacitadas para poder ayudar a otros.

Como hija de Dios, nacida de nuevo, le compartiré ahora la experiencia de mi regeneración en Cristo, la cual Dios hizo y sigue haciendo en mí. Desde el momento en que me di cuenta de la condición de mi ser interno delante de Dios (el cual también se reflejaba en mi comportamiento delante de los demás); cuando entendí que lo que practicaba y la clase de persona que era no agradaba al Todopoderoso, sentí que era necesario pasar por este proceso, a fin de ser regenerada por el poder de Dios.

Un día decidí tomar el desafío, y por mi propia voluntad, ser una persona diferente. Ese día comprendí que necesitaba hacer cambios drásticos en mi vida: estaba determinada a cambiar, ya no quería ser la misma persona. Comencé a entregar mi vida a Dios, a pedirle que Él me ayudará a solucionar mis problemas; empecé a pedirle que me enseñara a conquistar mis muchas batallas, áreas de mi vida que no podía superar por sí misma; eran cosas que me impedían avanzar y cumplir el propósito por el que estaba en este mundo (aquellas cosas que Él preparó de antemano para mí). Con el correr del tiempo, Él ha venido regenerándome. El Señor ha venido quitando de mí tantas cosas que eran un estorbo en mi vida, cosas que no me dejaban servirle con rectitud. Hoy sirvo con amor y paciencia al Señor y Él continúa tratando conmigo, quitando de mí todo aquello que me perjudica y no me deja servirle con libertad. Segura estoy de que no es nada fácil tomar el desafío de entrar en este proceso; para mí fue un gran reto; pero créame, valió la pena; y lo tomé porque quería ser una persona diferente. Si decidimos entrar en el proceso de Dios, Él nos ayudará a que seamos personas fructíferas, y le garantizo que, si le damos lugar al Señor en nosotros, obtendremos grandes victorias. Nuestras expectativas y nuestra mentalidad cambiarán; las cosas se verán de otro ángulo y la vida será más fácil con la ayuda de Dios.

Él es poderoso para solucionar cualquier situación o problema que se nos presente en esta tierra.

Para poder ser regenerados es necesario, en primer lugar, sentir el deseo de cambiar; enfocarse, establecer metas y luchar por lo que se quiere lograr. Es necesario esforzarnos por ser la clase de personas que queremos ser en esta vida. Sé que esto implica un sacrificio, pero créame que vale la pena, porque al final se lograrán buenos resultados. Cada uno de nosotros somos responsables de ser personas de impacto, de bien; personas que dejan una huella positiva y un legado digno de admirar a las generaciones venideras; y en la medida que hacemos cambios en nuestras vidas, seremos personas exitosas y distintas.

EL PERDÓN

HABLAR DE LA PALABRA *PERDÓN* ES HABLAR DE UN tema bastante extenso, amplio y que abarca muchos puntos. Déjeme decirle, que antes de completar el paso de la transformación, es importante y esencial que pasemos primero por esta etapa, la cuál es clave, pues nos ayudará a poder continuar con el proceso.

El tema del perdón puede dividirse en varios pasos. Cada uno de estos pasos es necesario y ninguno debería pasarse por alto. Si hacemos las cosas bien, esto redundará en bendición para todo nuestro ser (espíritu, alma y cuerpo), y este se mantendrá saludable hasta la venida de nuestro Señor Jesucristo.

Si usted no lo sabía, existen varias clases de agentes silenciosos que se alojan en lo profundo del alma, los cuales tienen el trabajo de destruir el área emocional de una persona. Ejemplos de estos agentes silenciosos son el odio, el resentimiento y la amargura, pero el más peligroso de todos ellos es la falta de perdón. Imagínese usted el gran peso que una persona carga con el tiempo. Al principio, nuestras vidas son como un saco vacío espiritualmente, el cual se va llenando de cosas. Si estas cosas no son buenas, es decir, tratándose de esos «agentes silenciosos», estas cosas nos impedirán vivir con una mente, un corazón y unas emociones sanas; ese peso será un gran peso.

La palabra griega raíz de la cual deriva la palabra española *perdón* significa literalmente «dejar pasar», como cuando una persona deja de exigir que se le pague una deuda. Según el Diccionario Bíblico Ilustrado Holman, la palabra *perdón* es un término que indica la disculpa por una ofensa o falta o por el pago de una deuda. La terminología de los dos términos principales para perdón, en hebreo son: *«sona» «nasa»*, «quitar» «el pecado», y *«salach»* que quiere decir «perdonar». En el Antiguo Testamento, en los comienzos del pueblo de Israel, a Dios se le caracterizaba como un Dios que perdona pero que a la vez hace responsable al culpable. Me gusta mucho como traduce la Versión Reina Valera Contemporánea el pasaje de Éxodo 34:7, *«¡Es misericordioso por mil generaciones! ¡Perdona la maldad, la rebelión y el pecado, pero de ningún modo declara inocente al malvado!»* Dios provee perdón por medio de la sangre preciosa de Jesús, mediante el sacrificio del Señor en la cruz. Mateo 26:28 también dice: *«Porque esto es mi sangre del nuevo pacto, que es derramada por muchos, para perdón de los pecados»* (RVC). La remisión de pecados significa que Dios borra nuestras rebeliones y transgresiones, los quita de los registros divinos y los aleja de nosotros. Colosenses 1:14 dice: *«En quien tenemos redención por su sangre, el perdón de los pecados»* (RVC).

Perdonar no significa aprobar y aceptar las faltas y daños cometidos por las otras personas. El perdón es pasar por alto una ofensa de cualquier tipo que es del conocimiento del ofendido, ya sea por la confesión del propio ofensor o de otras personas, en donde el perjudicado se sintió ofendido u ofendida por la ofensa recibida. La persona que pide perdón reconoce ante sí mismo su propio error y culpa; vence su orgullo, se humilla ante el ofendido, le solicita la gracia del perdón, y también se arriesga a que, luego de haber reconocido la culpa o la responsabilidad, no reciba el perdón solicitado.

La Biblia nunca nos da una definición «de diccionario» de la palabra *perdón*, aunque sí nos muestra muchos ejemplos de ella. El más grande de todos los ejemplos es el perdón de Dios. Si bien el siguiente pasaje no utiliza la palabra perdonar, sí describe perfectamente el concepto del perdón de Dios hacia nosotros.

En Salmo 103:8-12 dice:

> «Misericordioso y clemente es Jehová; lento para la ira, y grande en misericordia. No contenderá para siempre, ni para siempre guardará el enojo. No ha hecho con nosotros conforme a nuestras iniquidades, ni nos ha pagado conforme a nuestros pecados. Porque como la altura de los cielos sobre la tierra, engrandeció su misericordia sobre los que le temen. Cuanto está lejos el oriente del occidente, hizo alejar de nosotros nuestras rebeliones».

Como ya le he mencionado, la falta de perdón se asemeja a un agente silencioso, el cual tiene el único objetivo de destruir el área emocional de una persona; sin embargo, tristemente, a este agente, no le es suficiente la destrucción de una persona, sino que continúa carcomiendo y avanzando hasta destruir, si fuese posible, a generaciones completas. Por tanto, es de vital importancia que, los que tenemos hijos, les enseñemos a no guardar rencor en contra de Dios o en contra de otras personas. El rencor es un caso frecuente en los hogares disfuncionales, donde los cónyuges han sufrido separación o divorcio y los hijos son afectados por ello. Hay casos en los que uno de los cónyuges siembra odio en el corazón de los hijos en contra del otro cónyuge, y es triste que los hijos, desde pequeños, comiencen a guardar resentimientos en contra de sus propios padres o en contra de otras personas. Quiero decirle que cada uno de nosotros tenemos una puerta en el alma, y somos quienes decidimos dejar entrar o no a nuestras vidas las cosas buenas o las malas; y de nosotros depende cómo queremos vivir en este mundo.

Hay ocasiones en que las personas son dañadas por aquellos de los que menos se espera, es decir, de las personas en las que más confiaba. Sin embargo, es hermoso cuando, por nuestra propia voluntad, decidimos perdonar y lo hacemos de todo corazón. Claro, es normal que nos acordemos de todo lo que pasó y de lo que sufrimos, pero si de verdad hemos perdonado de corazón y no de labios solamente, estos recuerdos ya no

> El perdonar las ofensas es el camino para estar en paz primeramente con nosotros mismos

nos causarán dolor emocional, y como dice un dicho «borrón y cuenta nueva». Hay personas que buscan excusas para no enfrentarse con la persona a la que deben pedir perdón; y por el otro lado, el ofendido puede no estar interesado en llegar a una reconciliación con el ofensor. No obstante, el perdón nos compromete a realizar un proceso de cambios individuales, a fin de considerar que la reconciliación se traducirá en bienestar físico, emocional y espiritual para ambos. El perdonar las ofensas es el camino para estar en paz primeramente con nosotros mismos, con la persona que nos ofendió y, principalmente, con Dios. A algunas personas, por naturaleza, les es un poco más fácil perdonar que a otras.

Todos los seres humanos, al menos alguna vez en la vida, hemos sido heridos, ofendidos, ultrajados o maltratados por las acciones o las palabras de otros. Estas heridas no son otra cosa que sentimientos duraderos de enojo, amargura, odio, y en algunos casos, hasta deseos de venganza. Romanos 12:19 dice: «*No tomen venganza, hermanos míos, sino dejen el castigo en las manos de Dios, porque está escrito: Mía es la venganza; yo pagaré dice el Señor*» (NVI).

La Palabra es bastante clara, y nos dice que vengarse de una persona no es la actitud correcta. Sabemos que por nuestra naturaleza pecaminosa a todos nos cuesta trabajo dejar las cosas a Dios, e innumerables veces nos dejamos llevar por la molestia y el enojo. En lo personal, me han pasado tantas cosas, que quizás, al meditarlo una y otra vez, no encuentro una explicación satisfactoria a lo ocurrido; no obstante, puedo decirle con toda certeza, que la mejor decisión que he podido tomar es perdonar; también le puedo decir sin mentir, que he visto la mano de Dios defendiendo mi causa. Todos podemos sentirnos molestos por las ofensas causadas por otras personas, y creer que tenemos el derecho a enojarnos por ello; el problema es llegar al extremo de dejar que el enojo se convierta en ira. Una persona airada pierde el control rápidamente y puede hacer cualquier cosa que se le ocurra en ese preciso momento. La Biblia dice: «*Si alguna vez se enojan, que el enojo no llegue hasta el punto de pecar, ni que les dure mas allá de la puesta del sol. Y no den al diablo oportunidad alguna*» (Efesios 4:26-27 BLPH).

Han ocurrido tantas tragedias alrededor del mundo por causa de personas que han guardado resentimientos, amarguras, odios, rencores, iras y falta de perdón en el corazón, e inclusive, existen los casos de aquellos que se han levantado para quitar la vida a su prójimo. Todo eso se ha debido a que estas personas no han tenido la ayuda correcta (ya sea que no ha existido quien les ayude o que se han rehusado a recibir ayuda).

El perdón no es meramente un sentimiento, es decir, que lo podemos practicar únicamente cuando «lo sentimos». Sin embargo, puedo decir con verdad, que perdonar no es algo fácil, y su dificultad también depende de la magnitud de los daños que la persona haya recibido. Muchas personas llevan años y años cargando rencores en el alma, privándose así de los grandes beneficios, tanto físicos como espirituales, que el perdón conlleva. Hay también muchas personas que mueren sin haber perdonado, ellos se van a la tumba con los rencores que hubieron cargado por mucho tiempo. Otras, quizá no tuvieron la oportunidad de pedir perdón cuando el ofensor estaba vivo; mientras que otras, nunca mostraron el interés de hacerlo.

La falta de perdón nos envejece porque este agente silencioso carcome y consume los huesos. Proverbios 17:22 dice: «*El corazón alegre constituye buen remedio; Mas el espíritu triste seca los huesos*». En cambio, cuando decidimos perdonar, recibiremos alivio en el alma, y le damos así oportunidad a Dios mismo para que Él intervenga y nos libere del peso que estuvo cargando nuestro ser. Para todos los cristianos que nos hemos convertido a Cristo, y que hemos sido hechos nuevas criaturas, sabemos que Dios nos perdona y nos limpia de toda maldad. No obstante, la falta de perdón es un obstáculo que afectará nuestro caminar con Dios profundamente y nos impedirá servirle. Si de verdad hemos conocido a Jesús, y es en Él que hemos encontrado la verdad, es un requisito para nosotros perdonar; pues de otra manera, estaremos en imposibilidad de servirle. Mateo 6:14-15 dice: *«Porque si ustedes perdonan a otros el mal que les han hecho, su Padre que está en el cielo los perdonará también a ustedes; pero si no perdonan a otros, tampoco su Padre les perdonará a ustedes sus pecados».*

Hay muchas personas que se les nota la tristeza en el rostro. Es una tristeza que ha sido causada por dolores que ellas han sufrido en silencio. En muchos casos, la persona que ha sufrido la ofensa no puede expresar el dolor que siente, y a veces prefiere guardar esos sentimientos en lo secreto de su corazón. Estas personas se hacen daño a sí mismas, y lo más duro es que pasan los años y no están dispuestas a soltar la carga que han venido cargando (muchos incluso desde la niñez). Lamentablemente, esto suele verse con frecuencia en las mujeres que fueron abusadas físicamente, sexualmente, psicológicamente; maltratadas por el cónyuge o por otras personas, y se acostumbran a vivir con ese tipo de vida. En muchos casos la mujer no tiene libertad para desahogarse y llorar con alguien con quien tenga suficiente confianza. Alguien a quien pueda expresar las situaciones y problemas que ha vivido; en cambio, prefiere sufrir en silencio, en la prisión de sus oscuros recuerdos, en un lugar en donde nadie se dé cuenta de lo que ella vivió, y haciendo esto, vive en tormento. Es urgente, en tales casos, buscar la ayuda correcta para deshacerse del peso que subyuga su alma y que afectará su contorno, sus relaciones con la sociedad y con la familia. Nosotros somos llamados a buscar primeramente a las personas que nos han causado daño y pedirles perdón, y aunque nosotros seamos los ofendidos y no tengamos la culpa de nada (al menos desde nuestro punto de vista), es nuestro deber hacerlo, a fin de llegar a una resolución con la otra persona ofendida o la que nos ofendió. Uno de los principales problemas o grandes barreras que nos impiden pedir perdón es el orgullo. La soberbia del ser humano es un gran obstáculo en su salvación y en su crecimiento en todo sentido.

¿Qué hacer en los casos en que necesitamos ser perdonados?

El primer paso es evaluar la situación y aceptar con honestidad el daño que hemos causado. Hay muchas ocasiones cuando no somos capaces de dimensionar la magnitud del daño que hemos causado a la otra persona. Se necesita también demostrar un verdadero arrepentimiento respecto a algo que se dijo o se hizo, y admitirlo ante la(s) persona(s) dañada(s). Por otro lado, es decisión de cada persona el perdonarnos o no, y definitivamente, no podemos forzar a nadie para que nos perdone: se trata de una acción voluntaria. Dios tiene tiempo para todo y Él le dará a usted la oportunidad para pedir perdón a la persona que ha ofendido; por ello, pida a Dios esta oportunidad y Él se la dará. No obstante, no se deje llevar por la tentación de aprovechar el momento para presentar excusas respecto a su comportamiento, porque entonces todo resultará en vano, pues la persona que ha sido ofendida espera que usted reconozca plenamente sus faltas.

Existen varias clases de perdón

Perdonar a uno mismo

Hay situaciones de diferente índole que producen en nosotros molestia e incomodidades, tanto, que llegamos a decir palabras como estas: «Yo no sirvo para nada y nadie me quiere». Esto sucede porque los errores que hemos cometido nos humillan, nos denigran y avergüenzan; nos hacen pensar que no valemos nada, cuando eso no es verdad. Perdonarnos a nosotros significa aceptar con humildad las faltas y errores que hemos cometido, pero a la vez, amarnos y aceptarnos de la manera en que Dios lo hace. Sin tomar en cuenta qué tan graves hayan sido los errores y las faltas que se hayan

> El perdón no es algo opcional sino un mandato de parte de Dios

cometido en el pasado, no es recomendable estar recordando cosas que Dios ya nos ha perdonado. No creamos las mentiras que el enemigo (el diablo) nos dice al oído: «¡Mira nada más todas las cosas que has hecho! ¡Cómo Dios te va a perdonar!». También nos dice que no valemos nada; sin embargo, los hijos de Dios sabemos bien que el diablo es un mentiroso. Dios nos ama de la manera en que nosotros somos y usted no se imagina el amor eterno que Él tiene para todos. Él nos mira con ojos de misericordia y no reprocha nuestros defectos y errores. Jeremías 31:3 dice: *«Jehová se manifestó a mí hace ya mucho tiempo, diciendo: Con amor eterno te he amado; por tanto, te prolongué mi misericordia»*.

Perdonar a otros

Si usted es de las personas que no puede ver a la persona que le ofendió y le cuesta perdonar, permítame decirle que está en graves problemas. Quizá usted es una de quienes dicen en su corazón, con enojo y llorando, que es demasiado grande el daño que ha recibido y que por eso ha decidido no perdonar. Muchas personas se encierran en su propia opinión y hacen suya la frase que dice: «Yo perdono, pero lo que me hicieron no se me olvida». Déjeme decirle que adoptar esa postura es algo demasiado peligroso, ya que de esa manera nos estamos causando un tremendo daño interno a nosotros mismos; y en los casos cuando hay hijos en el hogar, y se dan cuenta, esa será la herencia espiritual que les estaremos dejando. En muchos casos el perdonar a otros puede ser un gran desafío, nunca he dicho que sea algo fácil, especialmente si la persona que nos hirió no admite el error de haber actuado mal; sin embargo, al perdonar, estamos dando el paso a la reconciliación con la otra persona; aunque en muchos casos, las cosas son aún más complicadas cuando la persona que le ofendió no quiere comunicarse con usted, y por tanto, la situación llega a ser extrema.

Mateo 5: 25-26 dice:

> «Reconcíliate pronto con tu adversario. Llega a un acuerdo con él mientras van hacia el juzgado, porque si no, él te entregará al juez, y el juez te entregará al guardia para que te meta a la cárcel. Te digo la verdad: no saldrás de allí hasta que hayas pagado hasta el último centavo» (PDT).

Cuando la palabra de Dios habla del perdón es muy clara en recalcar que no existe otra salida ni otro camino a escoger, ya que el perdón no es algo opcional sino un mandato de parte de Dios. No podemos recibir el perdón de Dios (el cual es gratuito) si nosotros no perdonamos a los que nos han ofendido. Mateo 6:14:15 dice también: *«Porque si perdonáis a los hombres sus ofensas, os perdonará también a vosotros vuestro Padre celestial; mas si no perdonáis a los hombres sus ofensas, tampoco vuestro Padre os perdonará vuestras ofensas»*. La falta de perdón es un problema serio; un gran obstáculo en nuestro caminar. El rencor es un gran ladrón de la paz; y si no perdonamos no podemos avanzar ni crecer espiritualmente, ni tampoco ser mejores personas en la sociedad.

Perdonar a Dios

Muchas personas guardan resentimientos y odio en sus corazones en contra del Dios Todopoderoso por las cosas desagradables que les han pasado o les están pasando. Lo que han experimentado en sus vidas les tiene muy enojados y no les da temor gritar a Dios estas palabras: «Tú eres el culpable de las situaciones que estoy pasando»; y luego se atreven a preguntarle: «Dónde estabas tú cuando me pasó esto? ¿Por qué permitiste (o permites) que yo sufra de esta manera? ¿Por qué me está pasando esto a mí?». Quiero decirle que Dios no tiene la culpa de lo que cada uno sufre, más bien, somos nosotros los culpables: pagamos las consecuencias de nuestras malas decisiones, de nuestras faltas, de nuestras desviaciones y pecados.

El perdón de Dios

Dios es el Creador de todo y el Juez del universo; no obstante, a pesar de ser el Juez no se complace en juzgar sino en perdonar. En su naturaleza divina Él es amor, y a causa de su naturaleza, es compasivo para perdonar a sus hijos sin importar lo que hayamos hecho. Cristo Jesús, su único Hijo, pagó el precio en la cruz del calvario para que usted y yo seamos perdonados de todos nuestros pecados. Romanos 5:8 dice: «*Mas Dios muestra su amor para con nosotros, en que siendo aún pecadores, Cristo murió por nosotros*». La Biblia relata la vida de hombres y mujeres que fueron perdonados por Dios. Uno de ellos fue el rey David, quien cometió también sus errores y faltas; sin embargo, me impacta la actitud que él tomaba al reconocer su pecado. David se arrepentía de todo corazón y le pedía a Dios que le perdonara, tanto, que él le dijo a Dios en el Salmo 51:2-4,

«Lávame más y más de mi maldad y límpiame de mi pecado.
Porque yo reconozco mis rebeliones, y mi pecado está siempre

delante de mí. Contra ti, contra ti solo he pecado, y he hecho lo malo delante de tus ojos; Para que seas reconocido justo en tu palabra, y tenido por puro en tu juicio».

Luego los versículos 10 y 11 nos dicen: «*Crea en mí, oh Dios, un corazón limpio, y renueva un espíritu recto dentro de mí. No me eches de delante de ti, y no quites de mí tu santo Espíritu*». Cuando, por nuestra propia voluntad, confesamos a Dios nuestro pecado, Él nos perdona, cómo bien lo dice la Escritura en 1 Juan 1:9-10:

> «Si confesamos nuestros pecados, él es fiel y justo para perdonar nuestros pecados, y limpiarnos de toda maldad. Si decimos que no hemos pecado, le hacemos a él mentiroso, y su palabra no está en nosotros».

Todos por naturaleza somos pecadores; por lo tanto, necesitamos ser perdonados. Sin embargo, Dios respeta nuestro libre albedrío y espera que seamos nosotros quienes reconozcamos que le necesitamos. No debemos pasar por alto, que para recibir el perdón de Dios necesitamos confesar el pecado. Necesitamos llegar a Él humillados y arrepentidos, reconociendo que Él no hace acepción de personas, que tiene gran misericordia y es amplio en perdonar. Dios espera que confesemos delante de Él nuestra condición pecadora y mostremos arrepentimiento genuino. Un arrepentimiento genuino implica la demostración visible de cambios en nuestro modo de vida, y no continuar cometiendo los mismos errores y faltas del pasado. Cuando usted recibe el perdón de Dios, ya no tiene por qué tener sentimientos de culpa y de los cargos que le eran imputados; se podrá ahora declarar totalmente absuelto.

Cuando una persona ha experimentado el perdón de Dios, entonces puede (y es responsable de) perdonar también a los demás. «*Soportándoos unos a otros, y perdonándoos unos a otros si alguno tuviere queja contra otro. De la manera que Cristo os perdonó, así también hacedlo vosotros*» (Colosenses 3:13). De hecho, los que se niegan a perdonar les pasará lo que dijo Jesús respecto a aquel que se negó a perdonar a su hermano la pequeña deuda que tenía con él (en la parábola de los dos deudores de Mateo 18:23-35).

Para llegar a recibir el beneficio del perdón, Dios mira la actitud y la manera con que nos acercamos a Él para pedir misericordia por las faltas y errores que hemos cometido. Es necesario soltar voluntariamente las cosas del pasado que hemos venido arrastrando y entregar a Dios todas las áreas de nuestra vida. Cuando Dios perdona, Él se olvida del pecado que hemos cometido; sin embargo, es el mismo ser humano quien continúa preguntándose, ¿*será que Dios ya me perdonó de esto u otro?* Isaías 43:18 dice: «*No os acordéis de las cosas pasadas, ni traigáis a memoria las cosas antiguas*». Y en otra parte también dice: «*Yo soy el que borro tus rebeliones por amor de mí mismo, y no me acordaré de tus pecados*» (Isaías 43:25).

Quiero compartir con usted —y me siento con libertad de hacerlo— que, como hija de Dios, he tenido que afrontar muchos sinsabores en la vida. Todavía recuerdo bien las veces que he tenido que perdonar las ofensas que he recibido. Ofensas que fueron causadas, inclusive, por personas que nunca imaginé que algún día me ofenderían. Un día Dios me habló por un vaso profético y me dijo: «Tienes que perdonar todo lo que te han hecho, menciona el nombre de las personas que te han dañado y cuando tú lo hagas, un peso se va a remover de tus hombros». Esta es una de las muchas experiencias que he tenido antes y durante el desarrollo del ministerio que Dios me permite ejercer; estas han sido experiencias que, con el correr de los años, han marcado mi vida dejándome cicatrices en mi área emocional. Con todo, Dios, en su gran misericordia, paciencia y amor, se ha tomado el tiempo para ir limpiando y ungiendo con su bálsamo divino, las heridas y daños que otros me han causado. Creo firmemente en el perdón, aunque sé que no es nada fácil ponerlo en práctica. Sé que nuestra humanidad se opone; el alma no quiere soltar el dolor y el sufrimiento. Sin embargo, en lo personal, el perdón me ha sido una experiencia muy gratificante; he sentido un gran alivio para mi alma, para mi espíritu y para mis emociones. El perdón ha refrescado mis huesos y he sentido como mi Dios hubiera rejuvenecido y renovado todo mi ser.

Cuando perdonamos de labios solamente, nos acordaremos de todo lo vivido y continuaremos llorando por los recuerdos pasados; y si todavía sentimos dolor, eso significa que las heridas continúan abiertas. Dios está más que dispuesto a sanar y vendar todas nuestras heridas, pues la Biblia dice del Señor: «*Él sana a los quebrantados de corazón, y venda sus heridas*» (Salmos 147:3). También Proverbios 17:22 dice: «*El corazón alegre constituye buen remedio; mas el espíritu triste seca los huesos*». «*Porque será medicina a tu cuerpo, y refrigerio para tus huesos*» (Proverbios 3:8). Sin embargo, requiere que nosotros perdonemos de todo corazón todas las ofensas recibidas.

La Biblia dice que la amargura es comparable a la raíz de una plantita que va creciendo cada día hasta convertirse en un árbol (venenoso), que contamina a muchos. El rencor que comienza con algo pequeño, si lo permitimos, irá creciendo internamente. Es así como la falta de perdón se va enraizando en el corazón y creciendo hasta convertirse en un árbol malo (en el sentido espiritual) que contamina, no solo a la persona misma, sino a todos los que están a su alrededor. En Hebreos 12:15 leemos: *«Mirad bien, no sea que alguno deje de alcanzar la gracia de Dios; que brotando alguna raíz de amargura, os estorbe, y por ella muchos sean contaminados».*

Así como en la vida natural, en donde todos los seres humanos vamos pasando etapas desde bebés hasta llegar a ser adultos, así sucede en el desarrollo de la vida espiritual. Dios desea que crezcamos espiritualmente y que las demás personas puedan ver en nosotros buenos frutos. En Isaías 61:3 dice:

> «A ordenar que a los afligidos de Sion se les dé gloria en lugar de ceniza, óleo de gozo en lugar de luto, manto de alegría en lugar del espíritu angustiado; y serán llamados árboles de justicia, plantío de Jehová, para gloria suya».

Todos, absolutamente todos, necesitamos levantarnos y dar ese paso tan importante, con la plena seguridad de que podemos hacerlo en el nombre de Cristo Jesús. Con la ayuda del Señor podemos decir: *«Yo perdono de todo corazón todas las ofensas que (y aquí ponga el nombre de su ofensor) me hizo».* Su carne se opondrá, y hará berrinches, pero usted debe vencerla y proceder en obediencia por su propio bien. Pida ayuda a Dios, porque necesitará la ayuda del Espíritu Santo.

José perdonó a sus hermanos todas las ofensas que recibió de ellos. Veamos lo que dijo José a sus hermanos en Génesis 45:3-8:

> «Yo soy José; ¿vive aún mi padre? Y sus hermanos no pudieron responderle, porque estaban turbados delante de él. Entonces dijo José a sus hermanos: Acercaos ahora a mí. Y ellos se acercaron. Y él dijo: Yo soy José vuestro hermano, el que vendisteis para Egipto. Ahora, pues, no os entristezcáis, ni os

pese de haberme vendido acá; porque para preservación de vida me envió Dios delante de vosotros. Pues ya ha habido dos años de hambre en medio de la tierra, y aún quedan cinco años en los cuales ni habrá arada ni siega. Y Dios me envió delante de vosotros, para preservaros posteridad sobre la tierra, y para daros vida por medio de gran liberación. Así, pues, no me enviasteis acá vosotros, sino Dios, que me ha puesto por padre de Faraón y por señor de toda su casa, y por gobernador en toda la tierra de Egipto».

Vemos también lo que pasó cuando el padre de José y de sus hermanos murió. Génesis 50:15-21 dice:

«Viendo los hermanos de José que su padre era muerto, dijeron: Quizá nos aborrecerá José, y nos dará el pago de todo el mal que le hicimos. Y enviaron a decir a José: Tu padre mandó antes de su muerte, diciendo: Así diréis a José: Te ruego que perdones ahora la maldad de tus hermanos y su pecado, porque mal te trataron; por tanto, ahora te rogamos que perdones la maldad de los siervos del Dios de tu padre. Y José lloró mientras hablaban. Vinieron también sus hermanos y se postraron delante de él, y dijeron: Henos aquí por siervos tuyos. Y les respondió José: No temáis; ¿acaso estoy yo en lugar de Dios? Vosotros pensasteis mal contra mí, mas Dios lo encaminó a bien, para hacer lo que vemos hoy, para mantener en vida a mucho pueblo. Ahora, pues, no tengáis miedo; yo os sustentaré a vosotros y a vuestros hijos. Así los consoló, y les habló al corazón».

Esta Escritura parece estar especialmente diseñada para todas aquellas personas que les parece demasiado difícil perdonar las ofensas causadas por otros. Así también Jesús mismo, siendo el Hijo de Dios, nos dejó un tremendo e impresionante ejemplo de perdón al perdonar a sus ofensores en el momento mismo de estar recibiendo gravísimas ofensas. Él no solo enseñó sobre el perdón, sino que lo practicó en el momento de ser crucificado. Lucas 23:33-34 nos dice:

> «También llevaban a dos criminales, para crucificarlos junto con Jesús. Cuando llegaron al sitio llamado La Calavera, crucificaron a Jesús y a los dos criminales, uno a su derecha y otro a su izquierda. Jesús dijo: "Padre, perdónalos, porque no saben lo que hacen"».

Las Escrituras también nos hablan de las veces que debemos perdonar a nuestros ofensores, cuando un discípulo de Jesús, llamado Pedro, le preguntó al Maestro sobre ese tema: «*Entonces se le acercó Pedro y le dijo: Señor, ¿cuántas veces perdonaré a mi hermano que peque contra mí? ¿Hasta siete? Jesús le dijo: No te digo hasta siete, sino aun hasta setenta veces siete*» (Mateo 18:21-22). Este pasaje de las Escrituras nos da la clave de la naturaleza del perdón.

En este asunto del perdón no solo doy el consejo sin quedarme con él, pues yo misma he aprendido a perdonar y puedo decirle que he vivido el perdón en carne propia. Yo misma puedo decir con convicción, que muchas veces he llorado de dolor por las ofensas que he recibido; sin embargo, he tenido que secarme las lágrimas y poner en práctica la palabra *perdón*. Quiero decirle también que no ha sido nada fácil; he tenido grandes batallas en mi mente, en donde el enemigo me ha susurrado al oído: «¿Para que lo vas a hacer? ¿Qué no te duele lo que te han hecho? No pierdas tu tiempo en algo que no vale la pena. Mira, a esa persona no le importas ni tampoco recibirá tus palabras, estarás perdiendo el tiempo; ¡no te expongas!». Pero yo he vencido al enemigo, diciéndole con autoridad las siguientes palabras: «Si a mí, siendo mala, mi Padre Celestial me ha perdonado mis innumerables errores y faltas sin que yo lo mereciera, yo tengo que, en el nombre de Jesús, hacer lo mismo con los que me han ofendido. Pues sus ofensas contra mí no son nada en comparación con lo que yo he ofendido a mi Señor. Por tanto, con la ayuda divina, perdono de todo corazón a mi ofensor». Con sinceridad de corazón le digo, yo le he dicho a Dios esta frase: «Ten misericordia de mí, porque yo quiero ir contigo, quiero que mi alma sea salva». Es importante que todos nos examinemos a nosotros mismos y estemos bien apercibidos de cuál es nuestra situación real, pues déjeme decirle que esto no es un juego, es algo serio que tiene que ver con nuestro bienestar.

Mi estimado hermano, hermana, amigo y amiga, no pasemos por alto la exhortación de Dios a practicar el perdón; pues esta es una práctica indispensable para todos. No guardemos sentimientos negativos ni recuerdos que traigan destrucción a nuestro ser. Si usted está batallando para perdonar a una persona, le sugiero que deje de intentarlo en sus propias fuerzas y acuda a Dios. Dígale como yo le dije un día: «Dios mío, te necesito, solo tú puedes obrar a mi favor y ayudarme; ya no quiero seguir llevando esta carga que me ha subyugado por todo este tiempo. Te pido que remuevas el dolor en mi ser, que sanes mis heridas y que las vendas; porque yo quiero ser una persona diferente, una que sea capaz de bendecir a otros y ayudarles en sus necesidades». Para ser ayudados por Dios, necesitamos reconocer primeramente que no podemos solos. Dios necesita que soltemos y entreguemos a Él, voluntariamente, el peso que nos agobia. Un peso que nos asfixia, y que muchos de nosotros podemos venir cargando por años, afectando todo el ser, el espíritu, el alma y el cuerpo. Quiero decirle que todos necesitamos dar este paso en el nombre poderoso de Jesús, conscientes de que no es en nuestras fuerzas, sino en las de Él, pues es Él, mediante su Espíritu Santo, quien nos dará la ayuda necesaria para salir de esa hiel de amargura y de esa cárcel de maldad en la que todo aquel que aún no ha dado ese paso está (Hechos 8:23). Es indispensable perdonar, pues de otra manera —dice Dios—, Él no nos perdonará a nosotros.

Dios, ante quien todas las cosas están expuestas, nos confronta con nuestra propia realidad; y las Escrituras nos dicen claramente que arreglar nuestras diferencias con los demás es parte de nuestra responsabilidad como cristianos. Por tanto, debemos facilitar, en la medida de lo posible, la reconciliación con las personas a quienes hemos ofendido o que nos han ofendido, y perdonar, a fin de alcanzar la salvación de nuestras almas. El más grande anhelo de los hijos de Dios es entrar al cielo y ser salvos de la condenación eterna.

Dios desea lo mejor para nosotros y no está de acuerdo en que este mal se haga extensivo a las generaciones venideras. Cuando perdonamos de todo corazón, inmediatamente podemos sentir que una carga pesada ha sido removida de nuestra alma. Yo misma puedo hoy dar testimonio de ello, y decirle que hoy puedo servir a mi Dios con libertad, agradecimiento y gratitud por todo lo que Él ha hecho en mi vida. Por otro lado, si no perdonamos, estaremos echando a perder nuestro futuro tanto en esta vida como en la venidera. La falta de perdón nos llevará irremediablemente a vivir una vida pobre y miserable, carente de paz y, sobre todo, arruinará nuestra salud espiritual y nuestra relación con Cristo.

MI
TESTIMONIO

ESTIMADO LECTOR, AHORA LE COMPARTIRÉ MI testimonio. Y lo hago con mucha libertad en Cristo Jesús, ya que hoy puedo testificar con certeza y convicción que el Dios a quien yo sirvo es Todopoderoso, y que, para Él, no hay nada imposible. Mi Señor puede cambiar y transformar una vida. Él hace de la nada algo valioso; y es capaz de sacar a cualquier persona de la miseria; Él es quien, en su gracia, puede entregarnos un futuro diferente: un futuro lleno de preciosas y grandísimas promesas. De verdad lo digo: que el pasaje de 1 Corintios 1:28 se ha hecho realidad en mi vida. Ahí dice: *«y lo vil del mundo y lo menospreciado escogió Dios, y lo que no es, para deshacer lo que es»*.

Soy originaria de El Salvador. Nací en un barrio de San Salvador al que llaman el barrio de Mexicanos de San Salvador. Soy la menor de mis cuatro hermanos (uno de ellos ya partió con el Señor, cuando él tenía 19 años). Mis padres se separaron cuando yo estaba en el vientre de mi madre, y ella quedó sola con sus cuatro hijos. Doy testimonio de que ella, por su perseverancia y trabajo, fue capaz de sostener nuestra familia hasta que nosotros pudimos ser independientes. Por ella fue que yo pude graduarme del bachillerato en 1989, en el Liceo Cristiano de San Salvador; y por ella yo pude nacer.

Me siento privilegiada, afortunada y bendecida por la madrecita que Dios me concedió tener —que en paz descanse—, pues ella tomó la decisión de que yo naciera; y aunque mi padre le dijo que él no quería que me tuviese, ella preservó mi vida. Agradezco a Dios por darme la vida, y porque por la mente de mi madre nunca pasó abortarme.

Debido a la separación de mis padres, mis tres hermanos y yo fuimos a vivir con mi madre, y juntos pasamos situaciones difíciles, críticas y de mucha necesidad económica. Mi madre muchas veces no podía comprarnos las cosas que se necesitaban para la escuela, y en general, muchas veces, con tristeza en su rostro, no pudo comprarnos las cosas más indispensables para la vida normal. Esta es una historia triste pero real, pues hubo ocasiones en que no teníamos qué comer, ni tampoco suficiente dinero para pagar la renta de nuestra vivienda.

Yo no disfruté mi niñez como los demás niños. No supe qué era jugar con una muñeca o tener un juguete. Lastimosamente, llegué a los 15 años y nunca tuve la oportunidad de manejar un triciclo, una bicicleta o tener —aunque fuese— una simple patineta. Debido a que yo me quedaba sola en casa (ya que mi mamá iba a trabajar y mis hermanos a la escuela), desde los 7 años fui dañada por las personas que vivían en mi barrio, tanto verbal como físicamente, causando un daño psicológico en mí. Yo crecí con falta de amor, de aprecio, de caricias, de comprensión, de cariño. Nunca supe que alguien me diera un besito en la mejía, un abrazo, ni que alguien me dijera palabras bonitas. Cuando apenas tenía 13 años de edad acepté a Cristo como mi Salvador personal, y a los 17 años bajé a las aguas bautismales en la iglesia Centro Evangelístico de las Asambleas de Dios. Estos acontecimientos fueron realmente impresionantes para mí, y doy muchas gracias al Señor y le doy gloria, por su don inefable; por su gracia inmerecida, por su gran amor con que Él me amó.

Por ese tiempo yo vivía en San Salvador, y a mis 17 años comencé a tomar clases en el Instituto Bíblico de Las Asambleas de Dios, en San Salvador. En ello persistí hasta el punto en que únicamente me faltaban cuatro clases para graduarme; sin embargo, no las tomé, y por ello no pude graduarme. Recuerdo que en aquel tiempo yo tenía una amiga en la iglesia en donde me congregaba, y en 1983, ella y yo hicimos un acuerdo: que, por fe, un día vendríamos a estudiar y a vivir a los Estados Unidos. Y esto lo dijimos sin tener finanzas, y sin conocer a nadie en este país. Las dos teníamos fe que habríamos de conseguir la ayuda financiera necesaria para estudiar en el colegio teológico LABI, en La Puente, CA. Ese era el lugar en donde yo anhelaba un día graduarme. Yo tenía la seguridad en mi corazón de que un día yo me graduaría de ese colegio; mas no sabía cómo Dios pondría los medios para emigrar allá.

Ahora doy gloria a Dios, porque Él, en su bondad, a su tiempo, me permitió emigrar a este bello país, Los Estados Unidos de América. Para ese entonces mi mamá ya estaba viviendo en Los Ángeles, y fue con ella que fui a quedarme. ¡Que increíble que el 16 de mayo del año 2016, Dios me dio el privilegio de graduarme del lugar de donde yo me quería graduar!

De verdad que Dios concede nuestras peticiones. Mire lo que dice el Salmo 37:4: «*Deléitate asimismo en Jehová, Y él te concederá las peticiones de tu corazón*».

Nunca en mi vida imaginé que, en el año de 1990, Dios me permitiera llegar a esta hermosa nación, lugar en donde Él me dio la bendición de casarme y de tener dos bellos hijos con mi esposo Daniel A. Bruno. Ellos son: Daniel Jr. y Raquel. En este país tuve la oportunidad de estudiar por años en el colegio teológico LABI, y fue ahí en donde me preparé para ejercer el ministerio. Asimismo, he tenido la bendición de tomar varias clases en el colegio comunitario Los Angeles City College, ubicado en East Hollywood, Los Ángeles, California. Dios me ha permitido superarme como persona y he logrado muchas cosas que, en mi país, en El Salvador, quizá jamás lograría; y gracias a Él he podido grabar seis proyectos musicales, y ahora, Él me está permitiendo escribir y publicar este libro, el cual sé que será de gran bendición para muchas personas. ¡¿Cómo podría pagar a mi Dios todo lo que Él ha hecho por mí, sin que yo merezca nada?! Hoy, puedo decirle a usted que es solamente por su gracia, por el favor que Él ha mantenido para conmigo desde que yo nací.

No le comparto esto para dar a conocer las situaciones difíciles, y la cruda realidad de la miseria que se vive en El Salvador; más bien, escribo esto a manera de ejemplo, para que usted se dé cuenta de que, en medio de las situaciones críticas de la vida, las que pasamos muchos de los seres humanos, en medio de todos nuestros pesares y dolores, existe siempre cerca de nosotros la solución: existe un Dios. Un Dios soberano, invisible que tiene el control de todo y que de verdad cuida de los suyos. Esto es evidente con el correr del tiempo; nos damos cuenta de que Dios que no es hombre para que mienta, ni hijo de hombre para que se arrepienta (Números 23:19), Él cumple en cada uno lo que promete, porque su pacto en Jesucristo es firme. El pasaje de Números 23:19 continúa diciendo: «*Él dijo, ¿y no hará? Habló, ¿y no lo ejecutará?*» Dios tiene en sus manos nuestro pasado, presente y futuro, a Él no se le pasa nada, sus planes son perfectos para cada uno de nosotros.

Quiero compartirle que a los tres meses después de haber llegado a los Estados Unidos me comencé a congregar en la iglesia donde mi mamá asistía. Esa iglesia se llama Iglesia Evangélica Latina. Bien me acuerdo que el presidente de la sociedad de jóvenes de la iglesia se me acercó y me dijo: «Hermana Imelda, he hablado con el pastor, y él está de acuerdo en que usted nos ayude a formar el coro de jóvenes de la iglesia. Yo le dije que sí, y él me dio una lista de 16 jóvenes (tanto mujeres como hombres), los cuales estaban interesados en formar parte del coro. Es impresionante para mí pensar que en esa lista se incluía el nombre del varón que luego se convirtió en mi esposo. En 1988, estando yo todavía viviendo en El Salvador, me acuerdo que le dije a mi madrecita por teléfono que yo quería casarme después de terminar mi bachillerato; le dije también que en El Salvador tenía pretendientes, pero ninguno cristiano, y que yo quería casarme con un joven cristiano. Ella ya estaba viviendo en Los Estados Unidos, y desde ese momento, comenzó a orar y a rogar a Dios que me concediera la persona con la que me iba a casar. Luego, estando yo viviendo en este país, y asistiendo a la iglesia de mi madre, y llegado el tiempo de contraer matrimonio, mi mamá me contó que Dios le dio una visión en donde Él le mostraba la persona que sería mi esposo, ella vio a mi futuro esposo en la visión vestido de novio. Ella entonces le dijo a Dios: «Señor, yo no sé cómo Tú harás que esto suceda, ni cómo habrás de unirlos, ya que estos dos jóvenes viven ahora en países distintos; sin embargo, yo sé —y lo dijo con gran fe— que ese joven es el esposo de mi hija y Tú harás que las cosas sucedan, Tú los unirás». Gracias a Dios llegué con bien a esta nación, y en mayo de 1991, me estaba casando con el joven que Dios le presentó a mi mamá en la visión. ¡La gloria y la honra es para mi Dios, y bendito sea su Santo Nombre! El Señor me dio a mi esposo, y la dicha de estar juntitos por ya más de 31 años de feliz matrimonio.

Déjeme decirle que hace 18 años tuve una verdadera conversión a Cristo; y fue por ese mismo tiempo que Dios me llamó para servirle en el ministerio como evangelista y salmista. Cuando Dios me hizo el llamado, yo llegué a sus brazos con muchas cargas; con dolores emocionales y con heridas en el alma. Aunque no podía entender por qué tuve que pasar por tantos procesos dolorosos, situaciones difíciles que tuve que enfrentar desde que era una niña. Sin embargo, Dios permitió que así fuera, y todo tenía un propósito. Al llamado de Dios yo dije que sí, le dije: «Sí Señor, heme aquí», y desde ese momento, Él tomó esa vasija —que era mi vida— en sus brazos; una vasija quebrada, destrozada, hecha pedazos y con mucho daño emocional.

No obstante, debo decir también, que, en ese tiempo, cuando le dije a Dios que quería servirle, y antes de decirle *sí,* le hice a Él muchas preguntas. Le pregunté por qué tuve que sufrir tantas cosas; le pregunté por qué pasé tanta miseria y pobreza; ¿por qué me dañaron tanto? ¿por qué no pude disfrutar mi niñez? Sabe una cosa, Dios, en su sabiduría podría haber contestado a cada una de mis interrogantes, sin embargo, Él no lo hizo en ese momento, porque aún no era el tiempo perfecto. En ese tiempo Él sabía que yo no estaba preparada para recibir sus respuestas.

En medio de mi lloro, dolor y desesperación, no entendía los motivos y las razones por las que Dios permitió que experimentará todas esas cosas que sufrí en mi vida, cosas que ahora puedo entender con claridad. Hay ocasiones, que, en nuestra desesperación, cuando sentimos que los problemas nos agobian, vamos a Dios y llegamos a su presencia con muchas preguntas. Un día, Dios me habló bien clarito a mi oído izquierdo, y en una voz audible me dijo: *«Ya no me preguntes por qué has pasado por todas esas cosas que no entiendes, pregúntame más bien, para qué pasaste por todo eso, y cuál ha sido el propósito de ello».*

¡Qué hermoso es saber que existe un Padre Celestial que hizo los cielos y la tierra, que es grande en poder, en sabiduría, en majestad (Jehová de los ejércitos es su nombre)! Él es quien vela por nosotros y nos defiende en todo tiempo. De verdad se lo digo: nunca pasó por mi mente que un día Dios me llamaría de tierras lejanas y me escogiera para cumplir su plan maravilloso en mí. Isaías 41:9 dice: *«Porque te tomé de los confines de la tierra, y de tierras lejanas te llamé, y te dije: Mi siervo eres tú; te escogí, y no te deseché».* Jeremías 1:4-5 dice también: *«Vino, pues, palabra de Jehová a mí, diciendo: Antes que te formase en el vientre te conocí, y antes que nacieses te santifique, te di por profeta a las naciones».*

Es impresionante ver esto: que cuando hay un destino marcado para una persona, todas las palabras que Dios le promete Él las cumple. Números 23:19 dice (otra vez): *«Dios no es hombre, para que mienta, ni hijo de hombre para que se arrepienta. Él dijo, ¿y no hará? Habló, ¿y no lo ejecutará?»* Sabía usted que Dios ya estableció para usted planes de bien. La Palabra de Dios dice en Jeremías 29:11: *«Sé muy bien lo que tengo planeado para ustedes, dice el* SEÑOR, *son planes para su bienestar, no para su mal. Son planes de darles un futuro y una esperanza»* (PDT).

Estimado lector, déjeme decirle que en verdad yo soy un milagro de Dios; y tengo vida por Su misericordia, ya que en siete ocasiones casi pierdo la vida. Él es el único que determina el tiempo de partida perfecto para cada ser humano en la tierra, y el enemigo no puede hacer nada en contra de una vida si Él no se lo permite. Salmo 31:15 dice: «*En tu mano están mis tiempos; Líbrame de la mano de mis enemigos y de mis perseguidores*».

La primera vez, me acuerdo que yo tenía unos 10 años. Mi mamá tenía un pequeño negocio en casa, y ella me mandó en el bus a dejar una mercadería a unos clientes al Mercado Central de San Salvador, el cual es visitado por mucha gente. Ese día el mercado estaba atestado de personas, y muchas de ellas llevaban las manos llenas de cosas y caminaban bastante rápido; tanto, que era fácil empujar a otros y tirarlos al suelo (mayormente a los más débiles). Cuando yo venía de regreso a mi casa, el mercado estaba tan congestionado, que de repente sentí que alguien me empujó, y yo caí al suelo cerca de las llantas de un autobús de pasajeros. Gracias a Dios, seguramente debido a la aglomeración de personas, el conductor iba manejando despacio. Yo solo recuerdo que una mujer gritó al conductor diciéndole que se detuviera, porque una niña estaba debajo de las llantas. El conductor, al escuchar los gritos de la mujer, se detuvo. Entonces yo tuve tiempo para levantarse y proseguir mi camino. ¡Gloria a Dios!

La segunda vez en la que mi vida estuvo en riesgo vivíamos mis hermanos y yo con mi mama en una colonia que se llama El Refugio, en San Salvador. Recuerdo que en ese tiempo yo tenía como 14 años. Una noche, a media noche, cuando ya todos estábamos durmiendo, se desató una tormenta descomunal con vientos huracanados. Nosotros vivíamos en una casa de adobe construida con varas de castilla; y una de las paredes de esa casa —precisamente la pared en donde estaba mi cama— colindaba con un gran muro de tierra afuera, el cual, debido a lo fuerte que caía la lluvia y a los vientos huracanados, se empezó a desmoronar. El lodo que resultaba del muro desmoronándose golpeaba la pared de mi casa tan fuertemente, que casi de inmediato, hizo un hoyo en su parte superior y una gran cantidad de lodo se metió con mucha fuerza a la casa a través de él. Solamente la misericordia de Dios hizo que ese hoyo no se creará del lado en donde estaba mi cama, pues si hubiese sido así, yo hubiese quedado sepultada en el lodo. En esa ocasión, los que estábamos en la casa creíamos que todo se vendría abajo y que todos quedaríamos sepultados en el lodo y aventados junto con las paredes y el techo a un barranco que estaba al otro lado de la casa; pero Dios intervino y nos libró tanto a mí como a mi familia de sufrir una gran tragedia.

El tercer suceso ocurrió en la misma casa. En esa casa no teníamos agua potable; así que, mi mamá me mandaba a mí o a alguno de mis hermanos a traer agua, y la traíamos cargándola en cántaros desde un lugar bastante lejano. Un día nos dimos cuenta de que en cierta calle (la cual estaba en un nivel más alto que la colonia en donde nosotros vivíamos) se había roto una tubería de donde fluía el agua; y nosotros, por no ir a traer agua al lugar a donde íbamos —pues estaba muy lejos— quisimos ir a traerla desde ese lugar en donde fluía el agua de una tubería rota. Ese día me tocó a mí traer el agua, así que fui ahí; y en ese lugar encontré un árbol de almendras. Recuerdo que ese árbol estaba bastante alto, algo así como a diez metros de altura, y yo subí al árbol para recolectar almendras. Cada vez subía más alto, y más alto, hasta que di con una rama que no estaba lo suficientemente fuerte para sostenerme, y se quebró y yo fui a dar hasta el suelo. Cuando caí, recuerdo que no podía levantarme porque me había dado un golpe tan fuerte en la espalda baja y en la cadera, que no me podía mover. Doy gracias a Dios que Él me guardó del mal, pues, aunque el golpe fue bastante fuerte, no quedé paralítica, ni se me quebró ningún hueso. Tan solo pasó un rato y el dolor se fue, y yo pude caminar con el agua hasta llegar a casa. No alcanzó siquiera a imaginar todo lo que nuestro Dios omnipotente hace por todos nosotros, siendo que ninguno merece su amor, pues somos malos. No obstante, la Escritura dice: «*El ángel de Jehová alrededor de los que le temen, Y los defiende*» (Salmos 34:7).

La cuarta vez fue en el año de 1986, fue durante el tiempo en que hubo un terremoto que sacudió El Salvador. Yo vivía en la casa de mi hermana mayor; ella me había rentado un cuarto, y mi cuarto daba a la banqueta de una calle principal. Ese día —el día del terremoto— yo estaba dentro del cuarto, estudiando para un examen que iba a tener en el colegio donde estudiaba. De repente, sentí que toda la casa comenzó a estremecerse fuertemente debido al sismo. En ese momento, yo me quedé sentada al borde de la mesa en donde estaba estudiando, aterrada y pensando que ese era el día de mi muerte. Las paredes del cuarto eran de tierra con cemento, y cuando empezó el sismo, esas paredes empezaron a moverse. De pronto, en un instante, se abrió una abertura en una de las paredes, y esta se dividió en dos partes. En ese momento yo tuve oportunidad de salir de allí y corrí pasando a través de la brecha que Dios me había abierto. Lo que sucedió después fue el gran milagro: que en el instante que yo pude salir y ponerme a salvo, se escuchó un estruendo, y tanto las paredes como el techo del cuarto se colapsaron. ¡No puedo creer el milagro que Dios hizo, y cómo Él guardó mi vida de quedar aplastaba en el interior de ese cuarto! En cuestión de un par de segundos, después de que yo hubiera salido, el cuarto quedó sin techo y sin paredes.

La quinta vez que Dios salvó mi vida fue durante el tiempo de mi graduación del bachillerato del Colegio Liceo Cristiano en San Salvador, en el año de 1989. Me acuerdo que nos llevaron del colegio a un lugar —propiedad de la iglesia en donde yo me congregaba— para festejar a todos los graduados de ese año. Llegamos pues al lugar del retiro, y al día siguiente fui con unas compañeras y yo a bañarnos al mar. Estando ahí, cuando decidimos regresar a la orilla de la playa, una ola nos arrastró a todas y fuimos a caer a un remolino profundo. En esa experiencia yo casi pierdo la vida, pues estuve a punto de ahogarme. Las olas pasaban arriba de mi cabeza, el remolino tenía mucha fuerza y me arrastraba hacia adentro, y yo estaba tratando, con todas mis fuerzas, de escapar de ahí, pero no podía. Fue una dura y terrible angustia la que experimenté ese día. Yo estaba luchando con el agua, y estuve a punto de darme por vencida. Luego de un tiempo de estar luchando, me sentí muy fatigada, y los brazos me dolían mucho; las olas me cubrían la cabeza, me hundían y me jalaban hace el centro del remolino. Entonces, en mi angustia y desesperación, yo me encomendé en las manos de Dios y le dije: «Si este es el día de mi muerte, te entrego mi vida, recibe mi espíritu». Cuando dije eso, unos de mis compañeros que estaban en la orilla de la playa se dieron cuenta de lo que estaba ocurriendo y acudieron a darnos auxilio. Dios los usó para salvarnos de morir ahogadas en ese remolino.

¡Gloria a Dios! El Señor me libró una vez más de las puertas de la muerte.

La sexta vez que Dios me guardó fue cerca de mi casa. Yo tuve un accidente automovilístico en donde otro conductor me chocó de frente. En ese accidente la van que yo manejaba fue golpeada fuertemente en la parte frontal; y tan fuerte fue el golpe, que las bolsas de aire se desplegaron y yo recibí un impacto fuerte en el cuello y la columna. En ese accidente también sentí que el ángel de Jehová obró a mi favor y puso su mano para librarme de la muerte. Gracias a Dios, aun y con lo severo del golpe, no sufrí fracturas serias en mi cuello y columna. Semanas después de ese accidente, Dios me habló mediante un profeta y me dijo que el enemigo me había querido quitar la vida, pero que Él (el Señor) no se lo había permitido.

La séptima vez es la más reciente. Se trató de otro accidente automovilístico que sufrí en Los Ángeles, CA, el 14 de octubre de 2022. Yo venía manejando mi carro en la calle Fletcher, antes de llegar a la 35th. Yo no tenía que hacer alto, ya que tenía paso libre; pero estando pasando yo por ese cruce, el conductor que venía por la calle perpendicular, la cual sí tenía una señal de alto, no la obedeció, sino que, al verme, aceleró más para tratar de librar el golpe, sin embargo, no pudo, y me chocó el carro en la parte de atrás. Mi carro quedó destruido por completo, y en frente se desplegaron las bolsas de aire. En este accidente, una vez más, —y aún más claramente que la vez anterior— sentí la mano de Dios palpable guardando mi vida, ya que, gracias a Él, no sufrí fracturas graves ni daños permanentes en mi cuerpo.

Déjeme decirle que a muchas personas Dios nos permite pasar por el proceso por el que pasa la uva, y cada persona es procesada de diferente forma. Los trabajadores de los viñedos trabajan duramente para procesar el producto de la vid. La uva tiene que ser zarandeada y procesada duramente a fin de que el dueño del viñedo pueda obtener el mejor vino. Dios trabaja y hace lo mismo con nosotros, especialmente con aquellas personas que servimos en el ministerio. Él nos permite pasar por cosas que no son nada agradables a fin de sacar lo mejor de nosotros. En el proceso sentimos estar siendo estrujados, apachurrados, tal como sucede con la uva. Definitivamente todo lo que Dios permite que pase en nuestra vida nos ayudará en la formación del carácter que Dios quiere en nosotros; todo es parte de su plan, a fin de ser un vaso digno de ser llenado con la unción de su Santo Espíritu.

La siguiente información la tomé de www.campusdelvino.com

El proceso de la uva

Despalillado: en este proceso se separan las uvas del *raspón o escobajo*. El raspón es la parte leñosa del racimo de uvas. El objetivo de separar las uvas del racimo (y que queden solas) es porque estas estructuras leñosas aportan sabores y aromas amargos.

Estrujado: Desgranado del racimo; las uvas se pasan por una pisadora para conseguir que se rompa la piel de la uva, llamada *hollejo*. Así se extrae el jugo para facilitar el siguiente paso, pero no se debe estrujar demasiado (para evitar que se rompan las semillas de las uvas, las cuales aportarían un sabor amargo).

Maceración y fermentación: El jugo de las uvas estrujadas es puesto en depósitos, y es así como comienza el proceso de fermentación del jugo de uva. El azúcar de las uvas termina transformándose en alcohol etílico, es decir, en vino. El tiempo que durará este proceso dependerá del tipo de vino, y el jugo debe mantenerse a temperaturas no superiores a 29° C.

A nadie le gusta sentir dolor y llorar cuando está siendo procesado. Sin embargo, en el proceso de Dios, tal como sucede con la uva, cada uno de nosotros pasa por situaciones duras y somos estrujados. A veces hacemos berrinches y nos comportamos como niños inmaduros; sin embargo, es necesario tener ciertas experiencias para que Dios pueda sacar lo más valioso de nosotros. Créame que Dios es el primero que llora y sufre cuando pasamos por procesos dolorosos. Jesús, siendo el Hijo amado de Dios, nos entiende perfectamente, pues él sufrió en su propia carne lo que nosotros sufrimos; Jesús sufrió dolor y rechazo. Isaías 53:3 dice: «*Despreciado y desechado entre los hombres, varón de dolores, experimentado en quebranto; y como que escondimos de él el rostro, fue menospreciado, y no lo estimamos*». Es así que, en el momento de la prueba, y en las situaciones difíciles, Dios es glorificado y somos fortalecidos en nuestro ser interior. Cuando estamos en tiempo de angustia y de necesidad, a veces nos cuesta entender lo que estamos pasando; pero, sin duda, ese es el momento apropiado para acercarnos a Dios, para clamar a Él y pedirle ayuda. Me impresiona lo que dice la versión Palabra de Dios para Todos (PDT) en el Salmo 4:1 «*Dios mío, tú que me defiendes, respóndeme*».

Hoy puedo decir con convicción que soy testigo del cambio y de la transformación que Dios puede hacer en una vida, cuando se le da la oportunidad de hacerlo. Él es el único que puede cambiar, renovar, restaurar y reparar una vida, no importando el estado en que esta se encuentre. Si tomamos la decisión de entrar en el proceso de Dios para ser transformados por Él, nuestras vidas serán en gran manera beneficiadas. En lo personal, poco a poco, he venido entregando a Dios mis batallas; mis luchas; las situaciones difíciles de mi vida, y creo firmemente que no ha sido nada fácil llegar hasta donde Dios me ha permitido llegar. Puedo garantizar que es la gracia y la misericordia de Dios la que me ha ayudado hasta este día, y solamente mediante su gracia —y con el deseo de cambiar—, que he podido soltar y desalojar mucho peso de mi alma y los estorbos que no me permitían avanzar espiritualmente. Sé que no he logrado la perfección (pues todavía estoy en el proceso), pero puedo decirle que el poder de Dios ha obrado en mi ser interno y externo. Él ha venido trabajando en mí, y moldeando mi carácter; mi temperamento, mis actitudes, mi manera de ser, de comportar, de hablar; y siento que mi mentalidad ha sido renovada por el poder de Dios.

Actualmente puedo ver las cosas con otra perspectiva, y siento que vivo una vida plena en Cristo Jesús. Mi mayor riqueza en esta tierra es que Dios esté siempre conmigo y que no se aparte de mi lado. Le digo a Él como le decía David en el Salmo 51:11, que no quite de mí su Santo Espíritu. Sin gloriarme, porque toda la Gloria es para Dios, me siento una persona distinta, ya que he realizado cambios drásticos en mi vida, para ser una mejor persona. Pero seguiré avanzando, luchando por lograr mucho más de lo que he logrado, y todo con su ayuda. He aprendido a escuchar su voz, y gracias a Él, sé discernir cuando me habla al oído, cuando cuento con su dirección, a fin de tomar buenas decisiones en todas las cosas que hago, y en todas las áreas de mi vida.

Después de tantos años que han pasado, he llegado a la conclusión de que es necesario pasar por el proceso de transformación y regeneración de Dios, sabiendo de antemano, como dice la Escritura en Romanos 8:32, que todo lo que Dios nos permite pasar, sean cosas buenas o malas, son parte del plan maravilloso que Él tiene para cada uno de nosotros. Ese versículo dice: «*Y sabemos que a los que aman a Dios, todas las cosas les ayudan a bien, esto es, a los que conforme a su propósito son llamados*».

Le cuento también que mi madre, la cual ya está con el Señor, me dejó un impresionante legado de fe (la fe que ella profesaba, creía y practicaba). Ella era una persona que no tenía ni un ápice de duda del poder de Dios. Por muchos años ella trabajó para Dios en el ministerio de visitación dentro del departamento de damas de su iglesia en El Salvador, la Iglesia Centro Evangelístico. Yo me acuerdo desde que era pequeña, que ella siempre me llevaba a visitar, ya fuera sola o con otras hermanas. Dios le hablaba por sueños en voz audible de una manera sobrenatural y es increíble que Él le revelaba mensajes bien claros. Esa es la mejor herencia que mi madre me pudo haber dejado: la herencia espiritual, ya que mi Dios hace conmigo lo mismo que hacía con ella. Junto a mi mama yo pude presenciar milagros y sanidades de Dios: el Señor usaba la vida de mi madre poderosamente, pues era una mujer de gran fe.

Recuerdo que una vez se nos terminó el gas propano de la cocina, y ella encendió un fósforo para prender una llama de la estufa para cocinar, pero no encendió. En ese momento ella oró a Dios con fe y le dijo: «Señor, tú sabes que no tengo dinero para comprar el gas que necesito para cocinar comida a mis hijos; pero yo creo en Ti, que eres el único que haces milagros y maravillas y puedes llenar el tanque de gas». Cuando ella terminó de orar fue sorprendente como Dios le respondió inmediatamente, pues luego que ella oró pidiendo el milagro, oró de nuevo diciendo: «Señor, en tu nombre voy a encender la estufa». Entonces le puso de nuevo el fósforo y la llama de la estufa encendió, y el gas le duró como tres meses.

De verdad no tengo con qué pagar a mi Dios todo lo que Él ha hecho y hace por mí sin yo merecer nada, hoy solo puedo decirle a usted que es solamente por su gracia y por su favor que estoy en pie hasta aquí, pues Él me ha sostenido desde que yo nací. Estoy sumamente agradecida con Él y no hay palabras para agradecerle por todo lo que me ha dado.

¿Sabe una cosa?, no le cuento esto —como ya dije— para dar a conocer a usted la difícil situación que vivíamos en El Salvador, sino para que usted se dé cuenta que, en medio de las situaciones críticas y duras que pasamos los seres humanos, existe un Dios soberano quien tiene el control de todo, y que de verdad cuida de los suyos. He podido ver que desde que nací Dios ha sido fiel, su brazo poderoso ha sido grande para conmigo, y sé que Él seguirá haciendo milagros en mí y a través de mí.

Mi única meta y objetivo en esta tierra es llegar a ser una mujer de impacto en la sociedad, a fin de hacer crecer la obra de Dios, que es la Iglesia; y tener la oportunidad de continuar ayudando a tantas mujeres que han sido dañadas, maltratadas, abusadas físicamente, psicológicamente, verbalmente, y que han sufrido de muchas cosas. Mi anhelo es también, dejar a mis hijos un legado ministerial, pasar la antorcha a ellos, que las cosas que yo no logré hacer en el ministerio ellos las logren. Tengo la plena certeza y fe de que ellos harán mayores cosas para Dios.

En conclusión, al proceso de transformación se le puede comparar con una persona que va al médico terrenal para ser tratado de algún problema de salud; y que al ser examinada por el médico este le dice que, para solucionar su problema, necesitará pasar por una intervención quirúrgica. En la operación, la persona tendrá dolor y hasta, en cierta forma, angustia, por lo que sentirá en su cuerpo. Y luego, después de que la persona salga de la cirugía, necesitará entrar en el proceso de recuperación: necesita curarse de las heridas que le fueron causadas. De la misma manera, Dios trabaja en el área del alma con cada persona, siendo Él el Médico por excelencia, sabe cuál es el mejor procedimiento que cada uno necesita. La cirugía no será un proceso fácil, y dolerá; después se necesitará tiempo para que las heridas sanen, pero todo ese proceso será necesario.

Por último, debo decirle que Dios está aún más interesado en sanarnos que nosotros mismos. Él desea que seamos dignos representantes de su reino celestial en esta tierra.

www.ingramcontent.com/pod-product-compliance
Lightning Source LLC
Chambersburg PA
CBHW062039120526
44592CB00035B/1384